続　ダメなときほど運はたまる

萩本欽一

章扉・目次の筆文字　萩本欽一

はじめに
――運の神様は頑張っている人を見捨てない

「運について欽ちゃんが考えていることを本にしたいんだけど、どう？」

若い頃からおつき合いしている出版社の人からこう言われたのが、そもそもの始まりでした。

近くにいる人が自分になにかを期待してくれている――。こういうことには、きっと運がついてくるんじゃないかな。そう思ってつくったのが、最初の『ダメなときほど運はたまる』。もう、四年も前のことです。

そのあと、仕事で日本の各地を歩いていたら、「欽ちゃんの運の本で、生きる勇気がわいてきました」、「運を引き寄せる方法を覚えました」なんて知らない人が言ってくれて、もうびっくり。僕は、人になにかを教えられるような人間じゃないもの。

だけど、出版社の人もこう言ってくれたんです。

「あの本で、『救われた』、『生きるのが楽になった』っていう反響がたくさんきています。運の本の第二弾をつくりましょう」

僕はまたびっくりしたけど、最初の本を出したあと、日本は大きな災害に見舞われたんですよね。それでつらい目に遭っている人がたくさんいる。そんな人が少しでも元気になってくれたらうれしいな、と思って二冊目の運の本をつくりました。それが『負けるが勝ち、勝ち、勝ち！』。

「悪いこともしていないのにひどい目に遭った」

「この状況のなかで、明らかに自分の立場は劣勢だな」

「ああすればよかったのに失敗しちゃった！」

こんなときに、運はたまっていくんです。不運が大きければ大きいほど、そのあとにやってくる幸運も大きい。「負け」は負けのまま終わらないから、つらい状況に耐えて大きな運をつかんでほしい。そんな思いを込めてつくったのが二冊目の本。

それからまた月日が流れて、「三冊目の運の本をつくりましょう」と言われたときは、

「ちょっと待ってくれ！」と思いました。前の二冊が少し売れたからって、三冊目も出そうなんて、調子に乗りすぎじゃない？　運の神様に叱《しか》られない？

そう考えていたところに、素敵なメッセージが届きました。二〇代の女性からの手紙。職場でいやなことがあって「もう会社に行きたくない！」って思っていたとき、たまま僕の運の本を読んで、考え方が変わったって書いてあるの。

「自分は被害者だと思っていたけれど、そうじゃなくて今は運をためている時期なんだって気がついた。いやな気分が一気に解消されました。ここで愚痴を言ったら運が消えていくから、これからも会社に行って毎日運を少しずつためます」

こんなふうな内容でした。素直でかわいい人ですよね。この手紙を読んで、僕はすっごくうれしくなっちゃった。運の神様だって、こういう人が大好き。彼女には、きっと素敵な運がやってきますよ。

たまたま人から誘われて運の本を書いたことで、僕のほうがいい運をもらいました。だってね、彼女だけじゃないの。おばちゃんとかおじちゃんからの手紙も届いてます。

運の本以外にも何冊か本を出してきたけれど、読んでくれた人からこんなに手紙をもらったのは初めて。

運の神様は、こうやって運をリレーしてくれるんですね。会ったことがない人同士でも、たった一冊の本を通じて運のやりとりができる。いつも前向きに生きている人は、運の神様がだれかを介して発信している運のヒントを、ちゃんとキャッチできちゃう。だとしたら、三冊目も価値がないわけじゃないのかな。僕は長いあいだ「運」のことを考えて生きてきたから、それを伝えることで一人でも二人でも幸運を引き寄せるヒントをつかんでくれる人がいたら最高。

そう思ってつくったのがこの本です。

僕が「運」を強烈に意識するようになったのは、高校に入ってからでした。その一年前、中学三年のときに「あれ、僕のうちってモーレツに貧乏だったんだ」って、初めて気がついた。

僕の母親は素晴らしくて、家が貧乏だなんて、ぜんぜん子どもに意識させませんでした。だからそれまでよくわからなかったけど、ある日、母親が借金取りに土下座して謝っている場面を見ちゃったんです。

そのとき、中学を卒業したらコメディアンになってお金を稼ごう、母親のために家を建てるんだ、と決意したんですが、当時大人気だったコメディアンに弟子入りを頼んだら「高校を出てからまたおいで」と言われてしまいました。

それで高校に進んだら、つらいことばっかり。お金がなくて校則で決まっている靴も買えない。でも、理由をたずねてくれる先生は一人もいなくて、僕をただの「校則破り」として怒るばかり。でも、靴を買ってほしいなんて、母親には言えなかった。もう僕は、家の事情をわかるぐらいには成長していましたから。

購買部で昼ごはんのパンを買うお金もなかった日も、ずいぶんありました。そんなとき僕は一人で屋上に行って、運について考えるようになったんです。

「いくらなんでもこれってひどすぎない？　でも、運の神様はぜったい見ていてくれる。めげずに頑張っていれば、きっと僕を有名人にしてくれるに決まってる。だったら、もっとひどくてもいいや。底辺から出発したら、僕スーパースターになっちゃうんじゃないかな」

これが、僕の「運」の原点。つらいときは思いっきり遠くにでっかい夢を置いて、今のつらさに耐えようって思ったの。運の神様を信じることで、なんとかつらい時期を乗り越えることができたんです。

僕は生まれながらにコメディアンの才能を持っていたわけでもなんでもありません。そんな僕でも、周りの人や置かれた状況を恨まずに進んでいたら、運の神様はちゃんと見ていてくれた。運の本で、僕がいちばん伝えたいのはここかな。

三冊目のこの本には、前の二冊には書ききれなかったことをドカンと盛り込みました。運の法則的なことや、「こんなとき、あなたならどうする?」とあなたの運をテストするようなコーナーもちょっぴり入れてみた。

本音を言うと、今でも気恥ずかしいんですよね、本を書くなんて。もともと僕は臆病で怯《おび》える体質なので、本来の仕事以外のことをしようとすると、それが丸出しになっちゃう。コメディアンの修行を始めたときには、自分の不器用さにもぶち当たって、絶望しかけたしね。

だけど、僕と似たような人で、今がつらいなって思っている人がいるんじゃないかと思うから、頑張りました。

今までの僕の運の本を読んでくれた人、そのうえ手紙まで書いてくれた人、この本を手に取ってくれたあなたにも、この場を借りてお礼を言わせてください。

どうもありがとう！

さあ、前説はこの辺にして、運の第三弾、始めますね。

続　ダメなときほど運はたまる

目次

2章 運の練習帳

3章 運のメッセンジャーたち

4章 恩人たちがくれた運

終章 運のおさらい帳

1章

運は遠くのほうからやってくる

いいことをしたら、すぐにいい運がくる。そう信じたいよね。
でも、運の神様は「直接のお返し」はしてくれません。

運は直接やってこない

僕は特定の神様を信じていませんが、運の神様は「いる」と思っています。子どもの頃からず～っとそう信じて生きてきました。だから「どうすれば運の神様に好かれるのか」、ほかの人よりちょっとは詳しいんです。

運の神様に好かれるコツって、ちっとも難しいことじゃありません。たとえば人間関係で言えば、「威張らない」「気をつかう」「親切にする」、たったこれぐらい。

といっても、「な～んだ、簡単だ」と思って今目の前にいる人にやさしくしても、すぐに運がやってくるわけじゃない。運は直接やってくるものではないし、手の届くところに落ちているものでもないんです。

困っている人を助けるために募金箱に一〇〇〇円を入れたら、その帰りに一万円拾っちゃったって話、あんまり聞かないでしょ？　えっ、拾った？　それは運の神様がくれた一万円じゃないから、すみやかに交番に届けたほうがいいですよ。

じゃあ、運の神様はなにを見ているか――。

楽しいときもつらいときも人に対してやさしく接している人は、だんだん「顔」がやさしくなってくる。運の神様は、そこを見ているんです。

もちろん逆の例も同じ。たとえば自分だけが得をしようと思ってずるいことをしたり、人をいじめたりしても、すぐに不運がやってくるわけじゃない。ずるやいじめをくり返していると、顔にそれが出ちゃいます。顔のつくりがいくら整っていても、意地悪そうな目つきや表情が隠せなくなる。それで人がだんだん近づいてこなくなったり、友だちがいなくなったりするんです。

運は遠くのほうからやってくる

運はいつも遠いところからやってきます。「運」という漢字にはシンニュウがついているでしょ？　シンニュウは道という意味だから、運は遠くから運ばれてくる。

だから、ふだんの生活でも仕事でも、「遠い」という言葉をキーワードにしていると、運の神様は「おっ、わかってるな」と思ってくれます。

たとえば、たまにお詣りをしたときにお寺や神社でお賽銭《さいせん》をあげて、自分の夢を神様にお願いするのって近すぎ。神様と直接取り引きしようとしてない？　そもそもお金を先にあげてなにかお願いするのって、どんな神様に対しても失礼だよね。

その神様を信じるなら、ふだんからお詣りをしたり、境内のごみを拾っていればいいの。たとえ毎回はお賽銭があげられなくても、神様は「なかなか心がけがいいな」って好意を持ってくれます。

お願いごとをするときのコツは、具体的な言葉にすること。運の神様も忙しいから、「幸せになれますように」と言われても、どうすればいいのかわからない。幸せって、その人によって違いますからね。

できればお願いすることも、自分以外の人のことがいいんです。自分の両親や子ども、あるいは被災地の人や、戦地の人を幸せにしてほしいとか。ほかの人の幸せを願っていると神様は喜ぶんです。

仕事の運をよくするときも、やっぱりキーワードは「遠い」。コメディアンが芸を磨くときも同じ。すごくわかりやすい例で言うと、僕の劇団に素人の子が入ってきたとき、やってもらうことがあります。

「時代劇に出たと思って、刀で斬られて倒れてごらん」

これを一〇〇人がやると、だいたい一〇〇人とも、その場でバタッと倒れるんです。これを「近い」芸と言うの。うまい芸人になると、斬られても我慢して我慢して我慢して、斬られた場所から遠くまで行って、ようやく倒れる。

浅草の劇場にいた先輩コメディアンたちは、こういう演技が抜群にうまかったんです。僕の劇団に入ってきた子には、「斬られたとき、『遠い』ってことに気をつけて、遠くで倒れるようになったらうまくなったということだよ」って言ってます。

仕事のやり方そのものにも「遠い」「近い」はあります。「焦り」や「驕《おご》り」があると、なにごとも「近い」になっちゃう。僕もそれでさんざん失敗しました。

二〇代の頃、浅草の舞台からテレビに呼ばれて「すぐにでもスターになれる」と思ったのが間違いのもと。この本のシリーズ一冊目に書きましたが、CMの生放送で一九回失敗して、浅草へ戻ることになっちゃった。出鼻をガツンと挫《くじ》かれたんです。

このあと僕はコメディアンの先輩から熱海の仕事を紹介されて、二ヵ月間東京を離れました。熱海のホテルに住み込んで、毎日一人でショーをやってたんです。

東京生まれの僕が熱海で住み込みって、距離的に遠いでしょ。つらいことがあったときは、こんなふうに一度遠くへ行ってみるっていうのも運にはいいんです。

僕の場合、この熱海の環境がよかった。ショーは一日一回だから、あとは温泉に浸かったり、部屋から海を眺めていました。

海って実にいいんですよ。波が押し寄せてきて、また静かに引いていく。ああ～、僕も今、この波のように引いている時期なんだなぁ、と思って見ていると、また力強く波が押し寄せる。

そうか、この波みたいにもう一回出発すればいいんだ。次も失敗したら、またす～っと引けばいいだけだな。なんて、気持ちが前に向いてくると、コントのアイデアがいろいろ浮かんできたんです。それですっごく気分よく、「浅草へ戻ってまたやり直そう」って思えたんです。

目標を遠くに置くと運がやってくる

熱海から浅草へ帰った日に坂上二郎さんから電話があって、コント55号の結成につながった話は、一冊目の本に書いた通り。結成当時、僕たちの目標は「日劇（日本劇場）に呼ばれること」でした。

有楽町にあった日劇は、当時の浅草コメディアンからすれば、はるか遠い夢の世界。よっぽど優れた人気者しかあがれない舞台だったので、目標を遠くに置いたんです。大げさじゃなく、「生涯かけて、あのステージにたどりつくぞ」っていう決意。

ところが、コント55号で発車したら、三ヵ月後に日劇から呼ばれちゃったんです。遠くに目標を置いたら、あっけなくたどりついちゃいました。しかも、日劇に出ていたらテレビからも声がかかっちゃった。

でも、ここで有頂天になったり、焦ったりしたら運はまた逃げていく。僕だけじゃなく、二郎さんも以前エキストラでテレビに呼ばれてつらい目に遭っていたので、「テレビでスターになろう」なんて考えは、もうぜんぜんありませんでした。僕たちテレビに向いてないよね、って二人とも思っていたんです。

コント55号で初めて出演したテレビ番組は、劇場からの生中継。舞台の中央にマイクが一本立っていて、「そこからはみだすとテレビ画面に映らない」ってディレクターから言われました。でもね、僕たちのコントは舞台狭しと走り回らないとできない。だからテレビのカメラは無視して、会場にきてくれたお客さんのためにコントをしようって、二郎さんと決めたんです。どうせテレビはこの一回で終わりだろうから、会場をドカンと笑わせればいい、って思ったの。

そうしたら、「テレビ画面からはみだす男たち」って評判になって、どんどんテレビから呼ばれちゃった。まさに、目標を遠いところに置いたら運がきたんです。

だから、のちに一人でテレビ番組をまかされるようになってからも、目標は常に遠くに置くようにしました。同じ時間帯に放送している番組を追い抜こうとか、三〇%番組をつくろうとかね。その夢が叶いそうになると、また別の夢を考えてず〜っと走りつづけたんです。

でもね、運の神様は途中で何度もフェイントをかけてくるの。「夢が近づいてきたぞ」って知らせようとするから、気がつかないふりをしてた。そこで気づいちゃうと大きな運にならないし、「いい気」になると運がさ〜っと逃げていく気がしたからね。

このとき一つ発見したんです。夢に近づいたことに「気づかない」ために重要なのは、

「夢中」になるっていうこと。目の前のことだけを一生懸命やってれば気がつかない。

あれ、夢中でここまできちゃったけど、気がつかないうちに運がやってきてたんだな……。そんなふうに思える人生がいいと思いませんか？

「普通」に満足すると運は逃げる

「うちの若いディレクターにアドバイスしてやって」

ときたま、テレビ局の人からこんなことを頼まれます。あるとき、「ロケについて行って、現場でなにか指示してください」と言われて、一緒に行きました。

着いた先は洞窟。タレントさんが洞窟の前でなにかしゃべったあと、「じゃあ、これから洞窟に入ってみましょう」ってなかへ進む。カメラマンもそのあとについて洞窟に入ろうとするから、「おい、ちょっと待て！」って止めました。

「今の撮影、うまくいったの？」

そう聞くと、「はい、うまくいきました！」とディレクターが明るく返事するので、
僕は「じゃあもう一回やったほうがいいよ」って言ったんです。びっくりしてたね、若

いディレクター。

「せっかくうまく撮れたのに、もう一度撮るんですか？」と聞くから、「うん、撮ったほうがいいよ」って、そう言ったの。

　僕の番組だったら説明もしないまま撮り直しするんだけど、このときはアドバイザー的な立場だったから、ちゃんと説明もしました。

「テレビ番組っていうのは、失敗もせず撮れたことを成功とは言わない。それは普通って言うんですよ。今は、ほとんど普通のテレビ番組ばっかりになってるでしょ？　うまく行ったらもう一回撮ることが大事。そうすると、そこに『運』が生まれるんです。だからもう一回撮ったほうがいいよ」

　そう説明したあと、もうちょっとつけ加えた。

「でも、もう一回撮って、それも失敗せずに撮れたら、その番組には運がないと思う。だって、普通が二回つづいただけだから」

　ディレクター、またまたびっくりしてたけど、素直な人でちゃんと撮り直ししてくれました。

実はそのとき、たまたまロケを見学していた人が、カメラに写り込んじゃった。洞窟の近くに長い階段があって、そこからきたおじさんが、「あっ、テレビの撮影だ」って気づいて、そっちに気をとられたんでしょうね。おじさん、足元がおろそかになって、階段から転がっちゃいました。といっても、大けがをするような転がり方じゃない。現にそのあとパッと起き上がったと思ったら、なにくわぬ顔で階段に座り込んで、撮影を見学してるの。

のちにその番組が放送されたときに、洞窟がどうのより、おじさんが転がってる絵ばっかり流れてました。まるでおじさんが主役。あれ、視聴者にもそうとう受けたんじゃないかな。

でもね、正直言って、僕はそれを見てほっとしました。ちゃんとディレクターの手柄になったし、僕のテレビの「運」もまだ大丈夫かなって思えたから。だってそうでしょ、僕が指示した二回目の撮影でも普通にうまく撮れちゃったら、僕はもうテレビにはいらない人間かなって思うもの。あのおじさん、実は運の神様のお使いだったのかもしれないですね。

うまくいくのは成功じゃなくて、普通。これはなにもテレビ番組に限ったことじゃないんです。ほとんどなんでもそう。

でもたいていの人は、「普通」で満足しちゃうんですよね。だから僕は、身近にそういう人を見ると、「もう一回やってごらん」って言ってます。

タバコを買ってきてもらうときもそう。「はい、買ってきました」って言われたら、「じゃあ、もう一回買ってきてくれる？」ってまた行ってもらう。そうすると、その人が運にぶち当たるんです。「素敵な人に出会っちゃいました！」とか、「おまけにライターをくれました！」とかね。

あるいはそのとき気づかなくても、そこで運がたまってる。なんでも普通のことに満足していると、運には縁遠くなっちゃう。

なにかを配達する仕事にしても、僕が社長だったら、普通に配達してきただけじゃ給料をあげたくない。僕に言わせれば、それだけじゃ仕事が成功してないから。「無事に配達してきました」「ご苦労さん」という仕事はつまらない。

それを面白い仕事にするためには、「配達はすんだけど、ほかにもなにかできることがあるんじゃないかな」と思って、配達のついでにそこの家の雑用をちょこっとやってきたりすることが必要。

「社長、山田さんちの配達、無事終わりました。なお、ポストが壊れかけてたんで、直してきました」なんて、そんな社員がいたら、給料をいっぱいあげちゃうね。

食堂に行ったときだって、注文された料理を運んできた人が、「これ、私が漬けたおしんこです」ってサービスしてくれたら、チップを置いてっちゃおうかな、と思わない？

サラリーマンだってプラスの仕事が大事。「給料安いなぁ～」とぼやいてるサラリーマンのあなた、上司から与えられた仕事しかしてないんじゃない？　サラリーマンも、自分の仕事をきちんとこなすのは成功じゃなくて普通。そこにおまけを足して仕事をするようになれば、出世したり給料が高くなるんじゃないかな？

どんなことでも、きちんとやれるのは普通だし当たり前。普通の状態におまけをつけたところに、成功があるの。なんか足りない、なんかおまけをつけたい、いつもそう思ってる人って、周りから見ても気分がいい。運の神様だって、そういう気分のいい人が好きなんです。

新人の運は何度もダメだしをしてつくる

さっき書いた「番組の撮り直し」、その昔は自分のテレビ番組で、さんざんやってました。

今でも覚えているのは、松居直美ちゃんに命じた「リハーサル二〇回」。『欽ドン！良い子悪い子普通の子』（フジテレビ系）で彼女がデビューしたばかりの頃、いきなり厳しい試練を与えたんです。直美は文句も言わずに堪えてたけど、プロデューサーの常田《ときた》久仁子さんに言われました。

「もう一回、もう一回って、さっきからなんで何回もやってんの？　普通、稽古ってなにか悪いところを直すものでしょ。今はなにを直してるわけ？」

常田さんは、コント55号がテレビに出始めたとき、「テレビの前の女の人に好かれるには、清潔感のある服装をして、言葉もやさしくしなさい」って教えてくれた人。言わば「欽ちゃん」の原型をつくってくれた「テレビ界のおっかさん」。だから彼女には、ざっと説明しました。

「新人がすぐにできちゃうとだめなの。何回も何回もくり返してないと、運の神様が『頑張ってるな』って思ってくれない。だから神様によく見えるようにやってるの」

常田さんはちょっと呆《あき》れ顔で「ふ〜ん、そうなの」と言ってたけど、「止めろ」とは言いませんでした。こういう態度も運につながるんですよね。人が一生懸命やっていることに水を差さない。

で、結局二〇回稽古をくり返したあとで、僕は直美にこう言ったの。

「一回目がいちばんよかったね。本番は一回目のやつでやってみよう」

直美にも二〇回やった意味を教えてあげたかったけど、ここで言っちゃうと運が遠ざかっちゃう。だから「いじめだと思わないでくれよ」って心で願いながら、ダメだししてました。

ず〜とのちになって、直美からこのときのことを聞かれました。

「二〇回もやって、最初がいちばんいいって言われたけど、あとの一九回はなんだったんですか?」

テレビの生放送でそう聞かれたから、常田さんのときよりていねいに説明しました。

「直美はあのときまだ一五歳ぐらいだったけど、最初から上手にできてた。でもね、新人の若い子がすぐできちゃうと『運』にならない。だから何回もやって『直美は頑張ってますよ』っていうところを運の神様に見せるためにやったの。カメラさんや音声さんはそれを間近で見てるから、『頑張れよ！』って直美を応援してくれるようになる。苦しませるためにやったんじゃないよ。直美はずっと芸能界で頑張っていけそうな感じがしたから、『運』をつけてあげたいと思ってやったんだよ」

そう言ったら彼女、生放送でぽろっと泣いてました。

僕は普通、女の子にはあまり厳しく教えない。ほとんどの子は結婚して芸能界をやめていきますからね。わらべの三人に会ったときも、この子たちはみんな結婚するなと思ったから、厳しくしないで間違いがあったときだけ修正するようにしてたんです。そうしたらみんな、やっぱり結婚してやめていった。直美も結婚したけれど、まだ芸能界で頑張ってるでしょ。

一〇代の子でも「未来」はある程度顔に出てくるので、後輩を教えるときは「どんな教え方をしたら、この人の運になるかな」って考えてみることも大事なんです。

運の神様は「引き際」を見ている

だれの人生にも引き潮、満ち潮の時期がくり返しやってきます。僕の人生もどっぷんどっぷんいろんな波がきては去っていきました。テレビの世界から一度身を引いたのはちょうど大きな引き潮がきていたとき、という話は前にも書いたので、ここではつい最近の引き際のことを書きますね。

二〇一四年の三月、恒例になっていた明治座の舞台から僕は引退しました。二〇〇三年の二月から不定期で合計六回、この舞台でお芝居をやらせていただきました。

明治座って、僕の大好きな劇場なんです。一階から三階まで一四〇〇人近く入る劇場なんだけど、つくりもお客さんもいいんでしょうね、受けるときはドッカ〜ン、ドッカ〜ンって笑いと拍手の波が舞台まで押し寄せてくる。そのときの客席を見ると、みんな体を前のめりにして大笑いしてるから、会場全体が波打ってる。あの瞬間が僕たちコメディアンにとって至福のとき。たまらないんですよね。

ところが僕ね、少し前からそういう笑いの大波がくるお芝居ができなくなっちゃった。

僕たちのやっている軽演劇って、体の動きで笑わせるんです。もちろんストーリーも台詞《せりふ》も大事なんだけど、会場全体が波打つ笑いを巻き起こすには、体が自在に動かないといけない。それがもうね、前回ぐらいから僕にはそうとうきつくなってきてた。

舞台に出ると足がくたびれるし、その前に息も切れちゃう。高層エレベーターから急行のエレベーターで降りてくるときみたいに、貧血状態になるんです。実は五〇代の頃から、舞台の袖に戻ってくると酸素吸入器で酸素を補給してました。

今でも、笑ってもらえる、拍手をもらえる舞台はできるんです。でも、僕が目指している一〇〇%の笑いはできない。こんなことじゃ、わざわざ明治座にきてくれるお客さんに失礼だな、って思ったんです。

それで、思いきってやめることにしました。寂しいですよ、そりゃあ。久しぶりに二郎さんと共演した舞台でもあるしね。

でも、引き際をきれいにしないと運の神様に嫌われちゃう。引き際ってものすごく重要なんです。波が引いてきたら早めにそれに乗って、自分の身も波と一緒に遠ざけたほうがいいの。それを逃すと、つぎにやってくる大きな満ち潮に乗れません。だから、明治座の舞台とさよならしました。

実は、二〇一四年に明治座の舞台から去ったのは僕だけではありませんでした。一九六八年からここで毎年歌謡ショーを開いてきた北島三郎さんも、この年をもって明治座の一ヵ月公演を「引退」したんです。北島さんの最後の歌謡ショーを見せてもらったら、ま～だまだ元気。それで、なぜ引退しちゃうのか聞いてみたら、北島さんはこう言っていました。

「歌自体をやめるわけでもなんでもないけど、ずるずるやるのは好きじゃない。ここで一度幕を引く決心をしないと、新しいところへ出発できない」

ほら、やっぱり潔いでしょ。四六年もつづけてきたことに区切りをつけて、また新しいところへ行こうとしている姿勢もかっこいいよね。

これも北島さんから聞いた話だけど、王貞治さんが引退を決意したのは、「二〇本ならまだ打てるけど五〇本以上のホームランはもう打てない」って思ったときなんですって。王さんにしても北島さんにしても、超一流の人はやっぱり引き際がきれい。運の神様はこういう引き際が大好きです。

そうそう、北島さんはコント55号を結成した頃に起きた僕のピンチを救ってくれた恩人でもあるんだけど、その話はまたあとで書きますね。

運の神様はメッセンジャーをよこす

運の神様は遠いところにいるので、自分では直接運を運びません。運を授けてくれるときは、人を仲介役にする。

偶然出会ったように見える人も、あなたに会いにくる友だちも、みんなあなたに運を運んでくるメッセンジャーなんです。だから、人間関係って大切なの。

運の神様が伝言を託すのは、たいてい届けたい人の周りにいる人。悪いことをしていると、神様はその身近にいる悪いやつに伝言を託すので、二倍も三倍も運が悪くなる。いいことをしていると仲介役もいい人が選ばれるので、二倍三倍と運がよくなる。なんでも倍になるんです。

運のメッセンジャーの役目は、人間ならだれもが持っています。あなたも僕も、運をもらうだけじゃなくて、日々人に運を運んでいるんです。だから言葉や態度に気をつけていないと、出会う人に悪い運を手渡しちゃう可能性がある。

もちろん僕だって迂闊《うかつ》なことを言っちゃうこともあるけど、一つ意識して気をつけていたことがあります。

それは、悪役が出る芝居をつくらないこと。ほかの人の芝居はともかく、自分の芝居にだけは悪役を出したくないんです。

だって悪役が出る物語だと、だれかに悪役を頼まなくちゃいけないでしょ。それがすごくいやなんです。ドラマがおもしろいとかおもしろくないという以前に、「悪人役をやってください」っていう言葉を人に言えない。悪役を頼まれた人に家族がいたら、家族もいやな思いをするんじゃないかなと思っちゃうし、頼んだ自分にも不運がきそうな気がするのね。

でも、台本作家に頼むと、書いてもらえないんです。

「悪人がいないと物語が進まないし、書きづらい。悪役がいるから、悪い人から逃れたときに涙がぽろりってなる。善人しか出てこない物語だと、お客さんを感動で泣かせるストーリーがつくれません」

みんなこう言うんです。

だから僕、自分の芝居は自分で書いていました。僕がつくる芝居は、出てくる人全部が善人。ほんのちょっと悪いことをする人物が出てきても、すぐあとのシーンでそれを解決して、ハッピーにしちゃう。エンディングまで悪人のままにしたら、かわいそうだからね。

だから、泣くシーンは「幸せすぎて泣く」っていうもの以外つくっていません。悔しくても泣かない、悲しくても泣かない。泣くなら、うんとうれしいときにしたいんです。

悪役のいない明治座のお芝居はもう幕を閉じましたけど、普段の生活でも周りにいる人を悪役にしたくない。それより善人になってもらうほうがずっといいでしょ。

だれでも、運の神様からのいいメッセージを伝達できる人間になりたいですよね。

2章

運の練習帳

欲張っても「運の総取り」なんて、世界中のだれにもできません。
だけど、運をつかむための練習は、日頃からしておくことが大事なの。

「豊臣秀吉出世物語」で占うあなたの運

生まれながらに強運を持っていても、優れた頭脳や才能があっても、「運の総取り」はできません。

僕が思うには、神様はたくさんある幸せをみんなに配分している。だから一人で総取りするって不可能だし、そんなことを思っただけでも罰《ばち》が当たりそう。

だけど、やっぱり運のいい人にはなりたいですよね。そのためには、運を引き寄せるための行動や言葉をいつも考えて、用意しておいたほうがいい。僕はときどき、いろいろな物語を題材にして、「運」について考えています。

たとえば最近、疑問に思ったことがあるんです。豊臣秀吉の有名な出世物語。木下藤吉郎の名で織田信長の小者をしていた時期、寒い日に信長の草履《ぞうり》を懐で温めて出世のきっかけをつかんだという、あの話です。有名だから、みんな知っていますよね。

でも、四〇〇年以上脈々と語り継がれてきたこの話、だれが最初に語ったんだろう？　考えられるのは、藤吉郎つまり秀吉本人、織田信長、あるいはその二人を見ていた信長の家来（第三者）。さあ、あなたはだれだと思う？

この先は、まず一人選んで、その人が草履の話を人に語った理由も考えてから読んでくださいね。

この質問、ラジオ番組の公開録音の場でもアンケートをとってみました。そうしたら、いちばん多かったのは信長。会場の三五％くらいが信長説でした。二番目に多かったのは第三者。これが三三％ぐらい。秀吉自らが語ったと思った人は三〇％以下。

そのあと、ほかの人たちにも聞いてみたら、やっぱりだいたいこれと同じ結果。でもだれを選ぶかで、なんとなくその人のタイプが見えます。

さて、信長と思った人、あなたはこれまでけっこう運に恵まれてきたんじゃない？強運の社長タイプだと思う。実際、信長を選んだ人って、社長さんとか組織で地位のある人が多かったの。もっとも信長がこの話を語ったのは、「ほかの家臣に、秀吉だけをひいきしていると思われたくなかったから」とか、理由づけはさまざまでしたけどね。

では、第三者を選んだ人。あなたはサラリーマンタイプかな。運がほしいけれど、第三者に運んできてもらいたい、と思ってません？　でも、「身近に見た善行を伝えた人がいた」と思ったわけだから、人は悪くないよね。

最後は秀吉本人。「秀吉はヨイショ体質だから、自分で語ったに違いない」。ちょっと嫌悪を感じながらこう思った人、あなたは女性？　女の人はとっさにこう思う人が多かったんです。ずるいことは嫌いっていう人には、そう悪い運はきません。

秀吉を選んだけど、答えをひねった人っていない？　たとえば「秀吉は草履を懐に入れていたんじゃなくて、お尻に敷いていた。でも信長がきたとき、とっさに『温めておきました』と言って誉《ほ》められ、誉められたところだけ人に語った」とかね。こういう人は作家タイプ。台本作家なんて、みんな何通りもひねった答えを言うの。でも、こうやって考えること自体、自分の運にもつながるんです。

えっ、僕はだれだと思うか？　第三者、じゃないかな。僕が考えたのは、こういうストーリー。草履を温めたのは秀吉。懐かお尻の下かはどっちでもいいけど、とにかく信長が草履の暖かさに気づいて「これは？」と聞いた。

すると秀吉は、「ある者が温めておきました」。これを聞いた信長は、そばにいた家来、つまり第三者をふっと見て、そのまま去っていった。秀吉は自分の手柄を第三者の手柄にしたわけ。家来はそれにいたく感動したけれど、やはり信長には真実を告げたい。後日、家来が信長に「あの日、草履を温めたのはわたくしではございません」と伝え、信長はそれ以来秀吉に目をかけ、近くに置くようになる。家来は家族に秀吉の言動を語って聞かせ、「手柄を立てるより、手柄を人に渡す人間になれ。この話を代々伝えよ」と言った。

これだと、秀吉も信長も第三者も、みんないい人でしょ。僕ね、三人ともいい人じゃないと、話が四〇〇年も語り継がれるのって無理じゃないかなと思ったの。

まあ真相はともかく、こんなふうに歴史上の物語や現実の出来事を題材にして、運の流れを考えてみるのもいいですよ。どんな言葉や態度に運が近寄ってくるのか、あるいは遠ざかるのか、だんだん見えるようになりますから。

じゃんけんで人生が決まるとしたら、あなたはどうする？

普通の生活のなかで、よくみんなじゃんけんをしますよね。じゃんけんで決めることって、たいていは軽いことじゃない？　ゲームの先手をどっちがとるかとか、だれがおつかいに行くかとかね。

でも、もしもじゃんけんで自分の人生が左右されるとしたら、あなたはそのじゃんけんをする？

僕の人生で、一度そんな場面がありました。といっても、僕はそのじゃんけんを仕掛けた側なんだけどね。

あるとき、広告会社の人が「ＣＭに出演してください」って、僕に頼みにきました。僕、ＣＭには出ないって決めてたんです。ＣＭって、一五秒とか三〇秒テレビに出るだけで、普通の番組の二〇倍くらいのお金をくれちゃう。こういうのって「近い」から、ほかの仕事の運が悪くなるんじゃないかって僕は思ってたの。

一度だけ、浅草時代から僕のマネージャーをしてくれていた事務所の社長に頼まれてエアコンのＣＭに出たことがあるけれど、それは例外中の例外。広告会社の人にも、そう説明してお断りしたんです。

「どうしてもだめですか？」

「うん。あなたの持ってきた仕事がいやだっていうわけじゃないんですよ。ＣＭに出るっていうことがいやなの」

　こう言ったらその人、「そうですか……」って言って、ずっとうつむいてる。その顔がすごくしょんぼりしてたから、僕は聞いてみたんです。

「あなた、結婚してるの？」

「してます」

「じゃあ今日家に帰ったら、奥さんの前でもそんな暗い顔してるの？　それとも仕事のことは切り離して明るい笑顔で帰れます？」

「う～ん……私は仕事を引きずるタイプなので、多分家に帰っても暗い顔しかできないと思います」

「僕が断ったことであなたは一〇〇％落ち込んで、おまけにその一〇〇％を奥さんまで背負っちゃうの？　それはちょっと考えものだね。あなたは仕事だからしょうがないけど、奥さんはなんの関係もないのに巻き込まれてしまう。できればあなたを一〇〇％明るい顔で帰してあげたい。でも、こっちにも事情があるからね。よし、わかった。せめて五〇％の引きずりにするために、今から僕とじゃんけんしましょう」

こう言ったら「へっ？」っていう顔で僕を見てるから、ルールを説明したの。

「もしじゃんけんであなたが勝ったら、そのCMをやることにする。でも、僕が勝ったらやっぱりやらない。じゃんけんはそのときの『運』なんだから、これならあとくされがないでしょ。家に帰って、『萩本欽一はひどいやつだった』ていうのはなしよ。『運が悪くて負けちゃった』って言えばいいんだからね」

「はい、それはわかりますけど……」

「じゃあ、じゃんけんしよう」

「あっ、でもそのまえに、こんな大きな仕事をじゃんけんで決めるっていう権限が、私にはないんです。だから、じゃんけんはできません」

「じゃんけんができない？　あなたに五〇％のチャンスを与えたのに、そのチャンスもつかもうとしないの？」

「僕の立場ではできないんです」

「あなたに言っておくけど、僕にとって仕事は一つ一つ全部勝負なの。あなたもあなたの会社も、その勝負に賭けてないですね。やっぱりこの話、なかったことにしましょう」

そう言って話は流れました。でもね、その人が帰ろうとしたとき、僕は言ったんです。「とても残念でした。あなたは今、完全にあきらめて『帰る』って言う方向に足を向けてるでしょ。もしあなたが勝負してくれれば、たとえあなたが負けても僕はこの仕事を引き受けましたよ」

そうしたら「それはなんとなくわかりました」って。でも、勝負はできなかった。僕はじゃんけんが成立して、自分が勝ったらこんな展開にしようと思ってたの。

「あなた、じゃんけんに負けてCM出演を断られましたっていう結果を会社に持っていくと、どのくらい出世に影響する？」

「相当影響すると思います」

「それはまずいね。そんなことにならないように、この仕事引き受けちゃいましょう」

こういうのって、気持ちいいじゃない。でもこの言葉を言うチャンス、結局僕にはめぐってきませんでした。

もったいないよね。僕が「じゃんけんしましょう」と言ったとき、広告会社の人には運の神様がきていたの。サラリーマンにとってはこのじゃんけん、自分の出世がかかった大勝負。会社のルールを超えて、果敢にそれに挑むような勇者を、運の神様が見放すわけがないよね。僕だって、自分のせいでその人が上司から叱られたり出世の道が閉ざされたら寝覚めが悪いから、助けますよ。

さて、こんな場合、あなただったらどうします？

人生で似たような場面に遭遇するかもしれないので、今から考えておいたほうがいいんじゃないかな。僕の場合、仕事をオーケーするときは、いつもこういうゲーム感覚で考えてます。なぜなら、そこに運を入れるために。

自分の都合より相手の気持ちを考える人に運は回る

次も実際にあった例。『欽ちゃんのどこまでやるの⁉』（テレビ朝日系）で人気者になった「わらべ」のレコードをつくっていたとき、そのメンバーの一人「かなえ」（倉沢淳美）が違うレコード会社から単独でレコードを出すことにしちゃったんです。

ある日突然、そのレコード会社の担当者が僕のところにきて、「そういうことですので、よろしく」ってあいさつするから、僕は怒っちゃいました。

だって、「わらべ」のレコードを準備しているときに、そのうちの一人のレコードを先に出しちゃうって、「抜け駆け」ってことでしょ。かなえちゃんにはなんの罪もないけど、このレコード会社はやることがずるいよね。筋が通ってない。

だから僕、「私はそのレコードの応援はできません」って言ったの。僕もまだ若かったし、そうとう不愉快な気分になってた。そうしたら今度は担当者の上司がきた。

「萩本さん、かなりお怒りのようですが、このレコードはもう完成していて、トラックで全国に配送しています。もうこれにかけたお金を回収することもできないので許してくれませんか」

って言ってきた。僕は「つくっていいですか?」って聞きにきてくれなかったことで気分が悪くなっていたのに、そこはぜんぜん無視して、自分たちの都合しか言ってないよね。

それで「お引きとりください」って言ったら、またもうちょっと偉い人がきたの。でも、言うことは一緒。「なんとかなりませんか?」って。僕、レコードの発送を止めろとか言ってるわけじゃないのに、話がずれてない? それで、今度はこう言いました。

「あなたの会社に、『今回やったことはルール違反で悪かった』って気づいた人はいないんですか？」

そうしたら、とうとう社長さんがきました。

「申しわけなかった。発送したレコードはいったん全部回収します。萩本さんには改めてあいさつさせていただいて、最初からスタートし直します。本当に申しわけありませんでした」

社長さんが出てきて、やっとまともな言葉が聞けたので、僕はこう言ったんです。

「やっぱり社長さんは違いますね。実は僕、腹を立てていたんですが、今の言葉を聞いてすごく気分がよくなりました。だからそのお返しをします。発送したレコードをとり戻すには莫大なお金がかかるでしょうから、そのまま出してください」

結局、僕たちが準備していたわらべのレコード制作を一度止めて、かなえちゃんのレコードを番組でも流して応援してあげたんです。もめごととか喧嘩を収めたあとは、以前の二倍仲よくしなくちゃいけない、と僕は思っているの。

言い換えると、仲よくなれそうもない人とは喧嘩もしない。そういうときは、こっちが悪くなくても先に「ごめんなさい」と言って、それきりにします。「恨み」とか「敵討ち」なんていう言葉がチラつくと、運の神様に嫌われますから。

だからこの話もハッピーエンドなんだけど、サラリーマンって、大変だなって思いました。さっきの広告会社にしてもこのレコード会社にしても、ヒラのサラリーマンになんにも決定権がないんだもの。少しは権限がないと、勇気を持って仕事ができないよね。

全責任を背負っている社長さんも大変だと思うけど、最初から平社員にも権限を持たせてあげればいい。そうすれば最初にきた人も、「欽ちゃん、ごめんね」から始められる。それでも相手が怒っていたら、「僕、会社をクビになってもいいから出荷したレコードを戻します」って言えるんじゃない？ そうしたら僕だって、「おまえは気持ちのいいやつだ。そんなやつをクビにはさせないよ」って、一日で解決できちゃう。

トラブルが起きたときって、普段より言葉を選ばないと自分にも相手にも運が回らないんじゃないかな。

どんなときにも争いに向かわない言葉を考える

「このあいだ○○に会ったらこんなことがあってアタマにきた。これってどう思う?」

こう聞かれることって、ありますよね。あなたならどう答える?

考え方はいくつかに分けられるよね。

聞かれた相手が友だちだったら、「うん、腹を立てる気持ちはわかる」って、相手に同調するのが一般的な答えなんじゃない?　どっちがいい悪いの判断より、まずその友だちに近寄ってあげようとする。

その逆が「腹立てるっていうのは間違いだよ」「そんなに怒ってもしょうがない」という反応。これって意外と少数派かな。会社の上司とか親じゃないと、こうはっきりは言いづらいかもしれませんね。

もう一つ、「自分はその相手のことも知らないし、現場にいたわけじゃないからなんとも言えない」っていう答え。これもなかなか言えない言葉ですよね。

さて、あなたなら?　「やっぱり、『わかる!』って、言ってあげたい」が多数派でしょうね。でもね、この答えには、はまりやすい落とし穴があるんです。

相手に同調すると、その人が「そうだろ、ほんとにひどいやつだろ？」と、さらにエスカレートしてきたとき「うん、ほんとにひどい」なんて、ついよけいなことを言ってしまいやすいんです。

そのときの状況も、相手が腹を立てている人もよく知らないのに、怒りに油を注いじゃう。若者が複数で集まっているときなんか、とくにそうだと思う。

「あいつにはムカつく。気にくわない」と一人が言ったとき、周りの人が「そうだ、そうだ」って安易に言っちゃうと、「よし、今からぶっとばしに行こうぜ！」っていうことになりかねない。みんなでいると、気が大きくなってボルテージがあがりやすい。若い人の暴力事件なんか、単純な諍《いさか》いが大きな事件になったりしてるでしょ。

同調するのはいいけれど、微妙なさじ加減が必要なの。相手に寄り添う答えは相手の気分をほぐして、怒りをやわらげるためですよね。だから、過剰に相手に合わせたり、よけいな言葉を足したりしちゃいけない。そうすると、相手がエスカレートしたとき引き下がるタイミングを失うことになる。引き際がむずかしくなるんです。

それで僕、なにかいい言葉がないかなって考えました。思いついたのは、「あいつに腹を立ててるんだけど、どう思う？」と聞かれたとき、即座にこう聞き返す。

「僕がどう言えば、腹を立ててるあなたが気持ちいいんですか？」

あなたの気が治まる言葉を言ってあげたいと思っていますよ、という意思を示しながら疑問形にする方法。これなら「一緒に殴り込みに行こう」って言われたとき、「それは私の気分が悪くなるので行きません」と言えるでしょ。いやなことからは「逃げる」ということも大切なんです。

それと、「自分がどう言えば相手が気持ちよくなるのか」、これは常に考えていたほうがいい。ヨイショをするという意味じゃなく、一緒に話している相手の気持ちを考えて言葉を使おう、という意味。

どんな場合でも争いに向かわないような、やさしい言葉をたくさん覚えておきたいよね。

いちばんつらい選択肢に運は隠れている

二〇一四年に明治座の舞台をやる前、テレビ局から「ドキュメンタリー番組をつくらせてください」という話がきました。最後の舞台だから引き受けたけど、番組として放送されるなら、僕と出演者のだれかが素敵な物語をつむぐ、っていう内容になるといいなって思いました。

といっても、ドキュメンタリー番組だから、あらかじめストーリーをつくり込んだらなにもならない。そこで、出演者にアンケートをしてみました。全員にアンケート用紙を配って、四つの選択肢から一つを選んでもらったんです。それはこんな質問でした。

今度の芝居は……

①台本通りやる
②台本に書いてあることを自分なりに伝える
③台本のストーリーだけを自分なりに工夫してやる
④なにがなんでも萩本欽一の言う通りにやる（これはつらい）

僕は稽古の途中でも、また初日の幕が開いてからもどんどん台詞《せりふ》を変えちゃうし、厳しいので、全部僕の言う通りにやるのはすごくつらい。だから4番を選ぶ人はいないんじゃないかと思っていたら、意外な人が4番に丸をつけてました。

はしのえみちゃんです。なぜ意外だったかと言うと、僕はえみにはなにも教えてないから、えみにとって4番はそうとうきつい。えみ自身もそれを覚悟して選んだと思うから、それなら厳しく教えて、えみの物語をドキュメンタリーに映してもらおうと思った。

えみが演じる役には、動きで笑わせる大事なシーンがありました。「こうやるんだよ」と最初から正解を言っちゃえば、彼女も簡単に覚えられる。でもそれじゃあ、えみのためにならない。前に書いたように、自分で考えながら覚えないと身にならないんです。

だから、わざとばらばらに教えたの。えみも最初はわけがわからなかっただろうと思う。ばらばらに教わったものを自力で完成させていくのはむずかしいですから。でも、それを一生懸命自分なりに組み立てて、ちゃんとえみはそのシーンをこなしました。

ドキュメンタリーのカメラはその過程を追っていたから、テレビを見てくれる人も「えみちゃん、欽ちゃんのよくわからない教えを解釈してよく頑張った。短いお稽古の期間で成長したね！」と感動してくれるんじゃないかな。そう僕は思ってました。実際そのドキュメンタリーの最後のほうで、えみは「欽ちゃんに初めて誉めてもらった」と言って泣いていたらしい。僕自身は、番組を見てないんです。

番組が放送されてから、明治座に出演していた山口良一がこう言ってきました。

「大将、あの番組、えみちゃんの涙がよかったですね。あざができるまで稽古して、駐車場からとぼとぼ帰る絵もよかった。もしあれが俺だったら、視聴者はみんな笑うだけですもんね。最後のえみちゃんの涙で、あのドキュメンタリーは見事に成立しましたね」

だから山口には教えたの。えみはあのアンケートで4番に丸をしてきたから、今回ととことん教えようと思ったんだ、と。そうしたら山口、すかさず反応してました。

「えっ、ちょっと待ってくださいよ。っていうことは、あのアンケートで4番を選べば、俺にもドキュメンタリーの主役になれるチャンスはあったんですね。しまった、俺はたいして考えもせず3番に丸をつけちゃった。ああ〜、あれは主役になれるかなれないかの分かれ道になるアンケートだったのか！　なにごとも真剣に考えて選ばないとだめなんですね」

そう、それが運なんですよ。普段のなにげないシーン、なにげない会話のなかに、運は潜んでる。その「なにげない」ことを見逃すと、なかなかいい運にはぶち当たらない。

山口はあとから気がついたけど、その場で気づいていたらよかったよね。

だから、なにかを選ぶ場面に出会ったら、いちばんつらい道を選ぶ習慣をつけておくといいですよ。

手柄を惜しみなく与えることで自分にも相手にも運が向く

一つのことを長くやっていると、いつの間にか教わるほうから教える立場になりますよね。

実は教わるより教えるほうが難しいんです。というより、教えないほうがいい。正解を教えず、自分で考えてそこにたどりつくように導くのが、いい指導者なんじゃないかな。正解を教えるのって「近い」からね。

でも、この役目もけっこうつらいの。「教えてください」と言ってくる人に「教えない」って答えなくちゃいけないんだもの。

明治座のお芝居で言うと、僕は小倉久寛ちゃんに長いあいだ「教えない」って言ってました。

小倉ちゃんを明治座の舞台に呼んだのは、二〇〇九年の『あらん　はらん　しらん』が最初。理由はすご～く明解。小倉ちゃんて、坂上二郎さんによく似ているんです。なんともいえない「ボケ」の空気感が二郎さんと共通してるの。今、そういう人ってすごく貴重なんです。

ボケが笑えるのは、「自分が間違えてる」ということに気づいていないからなの。今のボケ役の人って、自分の間違いに気づいているから面白くない。簡単なことで言うと、「おまえなにやってるの?」と怒られたとき、「自分が間違ってる」ってわかってると、しょんぼりしたりする。それじゃあ、お客さんは笑わない。二郎さんは「怒られることが信じられない!」っていう顔をしてましたからね。

人の話を聞くときに「聞いてない」という顔をするのもだめ。聞いているんだけど、「あの人、わかってないんだろうな」ってお客さんに発見してもらうのがいい。二郎さんはそれが抜群だった。小倉ちゃんも話を聞くとき顔があがっちゃって、「おまえ、ほんとに聞いてんの?」って言いたくなる空気がある。それが二郎さんと似てるんです。

一緒にやってみたら、小倉ちゃんは動きもいいの。あ〜、ほんとにこの人二郎さんに似てるわ、と思ったのは「生霊《いきりょう》をやれっ」と僕が言ったとき。生霊ってどういうのかわからないよね。でも「それなに?」って聞いちゃったらだめ。二郎さんも小倉ちゃんもこういうとき、わかんないなぁ〜って困ってるんだけど、とにかく必死こいて動く。それが受けるんですよ。

でもね、「小倉ちゃん、ちょっとそれは違うんだよなぁ」というときもある。そういうとき、客席から笑いはくるけど爆笑にはならないんです。小倉ちゃんもそれがわかってるんです。だから、どう直したらいいか聞きたくて、終わると僕の楽屋にくる。「なにしてるの?」と聞くと、「いや、なにってこともないんですけど……お疲れさまでした」って帰っていく。何度もそんなことがあって、周りの人からも「小倉ちゃん、大将がどう思っているか聞きたがってますよ。なんか言ってあげたら」と言われたけど、それじゃあ本人のためにならない。

それで僕が教えるのを我慢していたら、小倉ちゃん、自分で正解を出せるようになりました。完成した日、「小倉ちゃん、最高！　一〇〇点だよ！」と言ったら、その場で泣いてるの。同じ一〇〇点が出るにしても、もし僕に「あそこはこうやって」と言われて出した一〇〇点だったら、こんなふうにうれし泣きはできない。考えて悩んで、自分でようやく到達したから喜びが大きくなるんです。

小倉ちゃんにとっては、三回目公演が僕と一緒に出る明治座のラストになりました。そしたらね、今度は毎日のように僕の楽屋に入ってくる。なんにも言わないで座っているだけなんだけど、あ〜、最後だからいろいろ聞きたいんだなと思って、初めて言葉で伝えたんです。「あそこだけちょっと気をつけたほうがいいよ」とかね。

こんなことを言えるようになったのは、今の小倉ちゃんならアドリブでコンビを組んでも二郎さんと同じぐらいできるな、と思ったから。小倉ちゃんが一人で頑張って、その位置までたどりついたんだよね。

人になにかを教える立場になったら、できたとき丸ごと相手の手柄になるようにしたほうがいいんです。時間はかかるけど、相手に「自分の力でここまで到達した」っていう達成感を持ってもらうことが大事なの。

今はなにを教えるにしても、「早く一人前にしよう」と思って、直接言いすぎるんじゃない？　近いところには大きな運も成功も落ちていないんですよ。

運が逃げていくあの言葉

がっついたり悪いことをしたりしたときは、必ずあとで悪い運がくる。今まで何度かそう書いてきましたよね。

でもね、それだけじゃない。世の中には「運が悪くなる」言葉っていうのがあるんじゃないかと思って、考えてみました。まず思いついたのはこれ。

「お先に！」

みんなでなにか話しているとき、「私ちょっと急ぐんで、お先に」と言うと、そのあといい話になったりして、なんか運を落としそうな気がする。

つぎに浮かんだのは、

「そこどけ！」

これって相手を人間扱いしてないよね。夫婦喧嘩でも「そこどけよ」って言うと、「私はモノじゃないわよ！」って収拾がつかなくなりそう。お巡《まわ》りさんがあんまり普通の人から好かれないのは、年中「そこどけ！」って言ってるからじゃないの？「ＤＪポリス」が人気を集めたのは、「そこどけ！」とは言わず、「集合してるあなたたちの気持ちもわかります。私もサッカー日本代表を応援してます。でも、ちょっと動いてね」と、相手の気持ちを思いやる態度や言葉を使ったからでしょ。職業で「そこどけ！」をやらなきゃならない人は、よっぽど言葉に気をつけたほうがいいですよ。

「それなあに？」

この言葉も運が逃げていきそうな気がしません？ ゴルフに行こうとしてるお父さんが、「今週もゴルフって、あなたそれなあに？」って奥さんに言われると、運が逆方向に向くような言葉しか返せない。「いいじゃないか、好きなんだから」とか「つき合いだからしょうがないだろ」とか、険悪になりそうな言葉がつい出ちゃいそうだよね。

こんなふうに運が逃げそうな言葉を考えていたとき、ちょうど台本作家の鶴間政行がきたので彼にも聞いてみたら、最初にあげたのがこの言葉。

「ほかにないの？」

テレビ局に企画を出したとき「なんかほかにないの？」って聞かれると、それだけでやる気がなくなるんだって。たしかにこれもいやな言葉ですよね。お店で店員さんにお勧めメニューをさんざん聞いて、「ほかにないの？」って言ったら店員さんもやる気がなくなりそう。違う言い方にしたほうがいいよね。

鶴間に言わせると、確実に運がついてこないのはこういう言葉。

「じゃっ！」

「だね！」

短い言葉をさらに省略する人って、横着な感じがしますよね。人にそう思われないためには、やっぱり省略言葉も避けたほうがいいかもしれない。

運は言葉によっても開けるから、選んで使わなくちゃだめなの。自分がいい言葉をもらおうと思ったら、まず自分が相手にかける言葉をいい言葉にしたほうがいい。だけど、いい言葉って相手や場所やときによって変わるから、その瞬間で選ばなくちゃいけない。

その点、いやな言葉はいつどこで使っても運が逃げていくから、こっちを先に覚えておきたいですね。

運が逃げる言葉に共通しているのは、一瞬にしてその場の空気を悪くすること。まずは自分が言われたらいやな言葉を探して、それだけは自分も使わないようにすればいいんじゃないかな。

3章

運のメッセンジャーたち

運の神様は「運」を人に託して運びます。
あなたも周りの人もすべて、「運」をもたらすメッセンジャーです。

「いいとこ見つけ」の達人になる

つい先日のこと、懐かしい人から手紙をもらいました。コント55号の時代からお世話になっていたテレビディレクターで、細川たかしさんが出演した『誰だって波瀾爆笑』（日本テレビ系）を見て感激した、という手紙でした。

その番組、僕も呼ばれて、細川君が『欽ちゃんのどこまでやるの⁉（欽どこ）』のレギュラーになったいきさつを話したんです。

最初に細川君が『欽どこ』にきてくれたとき、彼は怪我から復帰して久しぶりのテレビ出演で、「テレビに出るのって、いいなぁ～」って、しみじみ言ったんですよ。

当時、細川君はもうスターーですよ。その人が「テレビに出るのっていいなぁ～」って素直に言う姿を見て、「細川君っていいなぁ～」と、僕は思っちゃった。だから「細川君、来週ヒマ？」って聞いたら「ヒマ！」。「再来週は？」「ヒマ！」「じゃあ、毎週ここへくれば？」。休養明けで、ちょうど細川君のスケジュールが空いてたんですよね。で、レギュラー出演してもらうことになった。

そうしたら『欽どこ』のなかで細川君が歌った『北酒場』が大ヒット。細川君は僕のことを「恩人」と思ってるらしいけど、恩や運をもらったのは僕のほう。細川君を見たくて『欽どこ』にチャンネルを合わせてくれた人がたくさんいたはずだから。

自分のことを恩人と思っている人がいたら、自分にとってもその人はきっと恩人。いや、これじゃまぎらわしいから、「人恩（じんおん）」て名づけようかな。恩人と人恩は裏表なの。

元ディレクターは『誰だって波瀾爆笑』で僕がこんな話をしたのを見て連絡をくれたので、「一緒に寿司でも食べません？」って誘いました。彼もまた僕の恩人だし、わざわざ手紙まで書いてくれたのがうれしかったから。それで寿司屋で話していたら、彼はこんなことを言ってくれました。

「欽ちゃんは55号でツッコミ担当だったので、人の欠点探しがうまい人かと思ってた。悪いところを見つけてつっこんでいくのかなって。でも、あの番組を見て、それは間違いだって気がついた。欽ちゃんは『いいとこ見っけ』がうまい人なんだね。細川さんにしてもほかのタレントさんにしても、目ざとくいいところを発見して、自分の番組に誘ってる。それに気づいたら感動しちゃって、手紙を書いたんだ」

この人、もう八〇歳をすぎてるんだけど、感性が若々しいよね。僕、感動しちゃった。しかも、そのあとこう言うの。

「それで自分のことを考えてみたら、今まで悪いとこ見っけだったな。これからは欽ちゃんみたいに、いいとこ見っけのできる人間になりたいと思った」

素敵だよね、自分でこういうことに気づく人って。実際、すぐ行動にも移したっていうの。となりで毎日やっている工事の音がそれまで「騒音」にしか聞こえなかったけど、音を出して仕事をしている人も大変だろうなって、工事をする人の立場から考えてみた。それで、お昼にお茶と餡《あん》ドーナツを持って、工事をやってるおじさんに「よかったらこれ食べませんか?」って差しだしたんだって。

そうしたら工事のおじさん、「すいませんね、毎日うるさくて」って言って、それ以降は工事音を長く継続させないようにしたり、明らかに気配りしながら工事を進めてくれるようになったそうです。

「なんかそれがうれしくて、工事の音が聞こえても、それを『うるさい』と思わなくなっちゃった。やっぱり人生は、いいとこ見っけのほうがいいよね」と言う彼、気持ちのいい人でしょ。それで、「そうだよな〜、人生はいいとこ見っけだよ！」って、八〇すぎた彼と七〇すぎた僕が寿司屋で盛り上がっちゃった。「いいとこ見っけ」。この言葉もいいけど、それを八〇すぎた人が言うってところが、なんとも言えず気に入っちゃいました。

その人は自分のことを「今まで悪いとこ見っけだった」と言ったけど、それは謙遜。本当は、コント55号がまだ売れる前から「面白いよ、頑張りなよ」って応援してくれた、やさしい人なんです。寿司屋で久しぶりに出会ったときも、「欽ちゃんはつっこみじゃないよ、いいとこ見っけの名人だよ」って何度も言ってくれるんで、僕は舞いあがっちゃいましたね。

僕が本当にいいとこ見っけをしていたかどうかはわからないけど、少なくとも「これからしよう！」と思わせてくれた。思いがけなく、懐かしい恩人からまた素敵なメッセージをもらっちゃいました。

自分より相手の都合を優先する人は最高の運のメッセンジャー

人と気持ちのいいつき合いができる人は、つき合う相手にいい運を運びます。自分の都合より相手の都合を考えて行動する人って、最高の運のメッセンジャーなんです。

僕のところにも、そんなメッセンジャーが何人もきてくれた。かつて、読売ジャイアンツのピッチャーだった鹿取《かとり》義隆さんもその一人。

鹿取さんとの最初の出会いは彼が『全日本仮装大賞』（日本テレビ系）の審査員で出演してくれたとき。彼は収録が終わったあとの食事会にも参加してくれました。ゲストの人が食事会までつき合ってくれることって、あんまりないんです。でも、鹿取さんはきてくれただけじゃなく、ず～っと楽しそうにしているので、あいさつに行きました。

「鹿取さん、食事会にちょっとだけ顔を出してくれたゲストは何人かいたけど、最後までつき合ってくれたのは鹿取さんが初めて。無理しなくていいんですよ。ゲストが帰らないと僕も帰れないから」

当時、鹿取さんは現役ばりばりだったから冗談っぽくそう言ったら、「いやいや、いいんですよ、楽しいから」って。結局その日、鹿取さんに見送られて僕のほうが先に帰ったの。それで「鹿取さんて、やけに気のいい人だな、気にいっちゃったなぁ～」と思って、ゴルフに誘ったんです。

ゴルフってね、人柄が出るんですよ。鹿取さんはね、すごく心地いいゴルフをするの。もうね、プレーが気持ちいいし、緻密。江川卓《すぐる》さんもそうだったけど、ピッチャーってすごく繊細なんです。

僕の場合、遊ぶときはまとめて遊びます。当時、ゴルフをやる日は、終わったら夜はマージャンをしていました。午後四時頃ゴルフが終わったあと、夜中近くまでマージャンをやる。でも、さすがに鹿取さんをマージャンには誘えないと思っていたら「つき合います」って言うの。終わったのはやっぱり夜更け。車に乗り込む鹿取さんに「遅いから気をつけて帰ってね」と言ったら、びっくりすることを言うんですよ。

「いや、明日から原（辰徳）選手と自主トレを始めるので、これから伊東のほうまで行くんです」

えっ！　そんな大事なことが控えているのに、気持ちよくつき合ってくれたんですね。

それを知った僕は、責任を感じちゃいました。

「そうだったの？　いくら鹿取さんでも、今日は朝からゴルフとマージャンをして疲れているだろうから心配だな。あのさ、向こうに着くまで、できれば三〇分おきぐらいに車を止めて、ちゃんと走ってますって電話で知らせてくれる？」

そう言ったら、「いいですよ！」って、ほんとに三〇分ごとに電話くれるの。「ただいま熱海に入ります」「もうすぐ現地です」「はいっ、着きました！」と報告してくれた。

もう、鹿取さん、大好きになっちゃった。それからどのくらいあとかな、テレビ局でばったり会ったから、「鹿取さん、今度僕の番組にゲストで出てくれない？」と聞いたら、「あっ、いいですよ！」って即答。聞いた僕のほうが「えっ？」って言っちゃった。「球団の人に聞かないでオッケーしても大丈夫なの？」とさらに聞いたら、「いいですよ、本人が出たいからオッケー」。受け答えが気持ちいい。

それで本当にゲスト出演してくれたんだけど、そのあと番組のプロデューサーが僕のところに飛んできた。

「大将、鹿取さんが謝礼を受け取ってくれないんですよ。お金を送ったら、『あの番組は自分の気分で出たので謝礼はいりません』って返してきたんです」

困っているプロデューサーに代わって、僕が鹿取さんに言いました。

「あのさ、テレビの出演料なんだから、受けとってくれないとテレビ局も困るよ」

「いやだ。僕は気分で出たんだからお金はいらないんです」

すっごくきっぱり言うの。鹿取さんて、たしか高知の生まれだと思ったけど、なんか昔の江戸っ子みたいだなって、ますます好きになっちゃった。それでまた一緒にゴルフをしたりしてたんだけど、鹿取さんは話も面白いし、語りがまた上手なんですよね。

そういえば、巨人軍から西武ライオンズに移籍するときも、真っ先に知らせてくれました。それも、わざわざテレビ局まできてくれて、「どうしても耳に入れたいことがある」って言うから、「僕、本番なんだけど」と言うと、「いや、時間のかかる話じゃないんです。僕、巨人をやめるかもしれない」なんて言うんです。

ええ〜っ！　僕のほうがうろたえちゃった。

「マスコミの人もいっぱいいるテレビ局でそんなこと言わないで」

「でも、球団が先に発表しちゃうとばたばたして報告が遅れちゃう。欽ちゃんだけには先に知らせたくて言いにきたんです」

そのときにね、「あ、この人はほんとの友だちだ」って思った。自分の大事なことをちゃんと自分の言葉で伝えに来てくれたんですから。僕は仕事で出会った人とあんまり友だちづきあいをしないんだけど、鹿取さんとはいつの間にか友だちになっていたなって思ったんです。

鹿取さんは、そののち僕が茨城ゴールデンゴールズの監督になったとき、ヘッドコーチをお願いしました。今、僕はゴールデンゴールズの監督はしていないけれど、またいつか鹿取さんと一緒に野球をしたい、という夢は持っています。

鹿取さんを監督にしたいんです。僕は助監督。野球の采配は鹿取さんだけど、僕は自分の得意な「運で打順を決める」っていうのだけやらせてもらう。それで球場を満員にして、ベンチの前に二人並んで立っている――。遠くのほうに、そんな姿が見えてるの。

もう七〇歳をすぎた僕に、まだこんな夢を見させてくれる鹿取さん、ぜったい運の神様のお使いですよね。

性格のよさが仕事運を呼ぶ

テレビの世界で大活躍する人って、ぜったいなにか優れたところを持っています。人によって優れたところはそれぞれ。

大きく分けると「才能」と「運」と「努力」なんだけど、この三つのうち、テレビ界で成功するためにいちばん必要なのはどれだと思う?

あるとき、周りにいる人たちに片っぱしから聞いてみた。そうしたら、答えはだいたい三〇%ずつに分かれました。いちばん多かったのは「努力」。これが三六%ぐらい。「才能」が三四%、運が三〇%ぐらいの内訳。

だけど、僕の考えはちょっと違うんです。運も努力も才能も、もちろんあったほうがいいに決まってる。でも、絶対に必要なものではありません。

じゃあ、テレビで活躍するために大事なものはなにか。それは「いい性格」なんです。

だから僕はいつもこう言ってるの。

「芸を磨くより、人間を磨け」

なぜこう考えるかというと、実はテレビ番組のディレクターたちにこう聞いてみたことがあるんです。

「あなたの番組に出演するタレントを選ぶとき、決め手はなんですか？」

そうしたら、いちばん多い答えが「性格」だったの。「うまい人を選ぶ」と言う人が多そうなものなのに、そう答えたディレクターは一人もいなかった。

テレビの場合、短時間で撮らなくちゃいけないので、芸で勝負するような人はあまり必要じゃない。番組自体、芸を見せるわけじゃなくて、あくまで「企画」ものだから、出演者に「合う」とか「合わない」とか文句を言われて撮影を止められるのがいちばん困る。それで性格のいい人が好まれるんですね。

一ついい例があります。僕がやっていたある番組のコーナーを終わらせようと思って、それをディレクターに言ったんです。

「なぜ、こんなに人気があるのにやめるんですか？」

ディレクターはそう聞いてきたけれど、僕はなんでもいいときに終わらせたい。まだ勢いがあるうちに区切りをつけて、その勢いをまた別のところで使いたい。そう説明したら、ディレクターはこう言ったんです。

「わかりました。でも、あの子だけ、そのまま置いておいてくれませんか？」

理由を聞いてみたら、「あいつ、性格がいいから」という答えが返ってきた。同じコーナーに出演している何人かのうち一人だけ残すなんて、普通なら僕はあんまり賛成したくない。でも、「性格がいい」っていう言葉につい反応して「あっ、じゃあ置いておいて」と言っちゃいました。

ねっ、性格がいいって、なんか得があるでしょ。僕からすれば、一緒に番組をやっているのはみんないい子。だれか一人を特別な目で見るっていうことはないんです。だけど、ディレクターはまた別の観点から出演者を見ているんでしょうね。

僕の周りには性格のいい人がたくさんいて、そういう人はたくさん人に運を運んでいるから、僕にもずいぶん分けてくれたんじゃないかな。

「損」を選ぶ人を運の神様は見逃さない

『欽ドン！』をやっていたとき、佐藤B作さんがふらっとあいさつにきてくれたことがありました。

「こんにちは。東京ヴォードヴィルショーの佐藤B作です。うちの山口がずいぶんお世話になっているのに、ごあいさつが遅れてすいません。ちょうど今日、たまたまとなりのスタジオで仕事があったので、素通りするのも失礼かと思い、ちょっとだけ顔を出させていただきました。ほんとうにありがとうございます」

B作さんは、山口良一が所属してる劇団東京ヴォードヴィルショーの主宰者。それで僕のところにあいさつにきてくれたんだけど、この言葉がいいでしょ。なにがいいかって、得しようとしていない。

普通だったら、「となりにいたんで、すっ飛んであいさつにきました」っていうニュアンスで言いたくなるよね。でも、それだとちょっと嘘が見える。その点、B作さんが言った「たまたまとなりにきちゃった」から、「素通りするのも失礼と思った」って言葉は、嘘っぽくなくていい。

そう思ったのと、「ありがとうございます」って言うとき、B作さんはかぶっていた帽子に手をかけたの。ていねいにあいさつするときは、普通帽子を脱ぎますよね。だけど脱がずに手を帽子にかけて、もごもごやっていただけ。

多分あれね、帽子を脱いでていねいにあいさつするとヨイショっぽく見えると思ったんじゃないかな。僕は特別深い意味でここにきたんじゃないんです、ただちょっとお礼を言いたかっただけなんです……そんな、ちょっと遠慮がちな言い方で、とっても感じがよかった。

あっ、この人いいなぁ、すごく気分のいい人に違いないって思ったんです。B作さん、最後にサラッとお礼を言って去ろうとしたから、思わず引き止めて聞いちゃいました。

「あの、B作さん、今度TBSで新しい番組を始めるんですが、B作さんに出てもらえたらうれしいな。舞台を一生懸命にやってる人って『テレビなんか出ね～よ』って言ったりするっていうけど、B作さんもそんなふうに凝り固まった方ですか？」

と聞いたら、

「いやいや、ぜんぜんそんなことはありません」

「あ、よかった。それだけたしかめておきたかったんだよね」

「凝り固まった考えはなんにもないです。それじゃあ、失礼します！」

B作さん、こう言ってスッと去っていったので、あ、やっぱりずるくない、自分が得をしようとする台詞《せりふ》、ひとつもない。そう思いましたね。言ってみれば「テレビに出たい」っていう言葉からいちばん遠い感じがしました。

たまたま新番組が始まろうとしてたときに出会ったのも、なにかの縁があるんじゃないかなと思って、B作さんにはテレビ局からまた連絡してもらって、『欽ちゃんの週刊欽曜日』（TBS系）に出てもらったんです。

そうそう、『週刊欽曜日』が終わったあと、昼の番組をつくったら、どうも視聴率があがらない。これはしんどいな、だれか素敵なゲストを入れよう、と思ったときに浮かんだのもB作さん。当時、B作さんは話題の人だったので、ゲスト出演してもらったんです。

で、驚いたのは終わったあと。

「Bちゃん、ありがとうな」

僕がそう言って握手をしたら、B作さんが突然泣き出したの。それももう、号泣のごとく。周りにいた人たちもびっくりして、「なにがあったんだろう？」って顔をして見てました。

B作さんは無言で握手の手をほぐして、一言も話さないままその場を去っていったんですが、僕はわけがわからなくて、しばらくその場でぼ～っとしちゃった。

「大将、B作さんになんかしたの？」

近くにいた関係者にこう言われても、なんにも心当たりがない。あの涙はなんだったんだろう？　僕もわからないし、もちろん周りの人はもっとわからない。みんなでそのあとしばらく、ああじゃないか、こうじゃないかって話してました。なかでも「きっとそれだな」ってみんなが言ったのは、プロデューサーが推測したこんな説。

B作さんは男っぽい人だから、「世話になりました」とか「ありがとうございました」とか、くすぐったい言葉は言いたくない。でも彼のなかにはどこかでそういう気持ちがあって、自分が「ありがとう」と思っている人に、「Bちゃん、ありがとう」って先に言われて、「え～、それはあなたの台詞じゃなくて俺の台詞でしょう。でも俺はそういう台詞、言いたくても我慢してるのに～」と思って、悔しくて泣いた、と。

「ああ～、それはBちゃんらしい、いい涙だよね」

って僕が言ったら、みんなも「そうですよ、それに決めましょう」って、勝手にB作さんのストーリーをつくってるの。Bちゃんの性格だと、これが正解じゃないかな。でもほんと、今でも思いだすと不思議。もうちょっと歳をとったら、本人に聞いてみようと思ってます。

「Bちゃん、あのときの涙、なんだったの⁉」

運の神様は「がっついてない人」が好き

最後の明治座公演のストーリーを考えているとき、だれか力の強い人に出てもらいたいなって思いました。前に書いたように、僕自身の体力はもう限界。でもやっぱり体を動かして客席をわかせたい。

それで思いついたのは、だれかに僕の体を支えてもらったり持ち上げてもらったりすること。たとえば持ち上げられて宙に浮いてる状態なら、足だけばたばたさせる動きを見せられるでしょ？

もうね、体力でも知力でも、自分が衰えてきたら人の力を借りればいいんです。そのことに気づいて、そうだ、思いっきり人に助けてもらっちゃえばいいって思ったら、安心しました。

じゃあ、力の強い人ってだれだろう？　たとえばプロレスラーか。でも、プロレスラーに知り合いなんて……あっ、いる、佐々木健介さんだ。健介さんは二〇一二年に彼が『24時間テレビ　愛は地球を救う』（日本テレビ系）のマラソンランナーになったとき、練習場所にお邪魔して激励したことがあったんです。

そのとき、僕の姿を見た健介さんは、スクッと立ち上がって両足をきちっと揃え、「佐々木です」って頭を下げました。まぁ～見事に礼儀正しくて、プロレスのイメージからすごく遠い人でびっくりしたの。

ほら、「遠い」っていうの、僕は大好きですからね、いいなぁ～、この人はなにか素敵なものを持っていそうだな、って感じたことを思い出しました。

健介さんに手伝ってもらえたらいいな。こう考えたとき、普通だったらすぐ健介さんの事務所に電話して「お会いしてお茶でも飲ませてくれませんか」って言うでしょうね。だけど、僕の場合それはしない。ここでも「遠く」して、運を見るの。

思いついたということは縁があるということだろう。だとすればわざわざ声をかけなくても、近いうち必ずどこかで会う。会えたら声をかけよう。会えなかったらこの舞台で声をかけるのはよそう。

これが僕のやり方。で、この日、佐々木健介さんの名前を紙に書いて、自宅のテーブルの上に置きました。僕、こういう願いごとみたいなものを書いておくんです。一種のおまじない。

でも、今回はけっこう崖っぷちでした。舞台の出演者を決定して、ポスターの写真を撮る期限がけっこう迫っていたんです。でも、こういうときほど焦っちゃだめ。急いじゃだめ。ぜったいに健介さんと会える、と信じて待っていなくちゃだめなんです。

不思議ですね、健介さんのことを思い出した翌日に、あるスタジオでばったり会いました。僕がスタジオの入り口についたら、ちょうど仕事を終えた健介さんと奥さんの北斗晶さんが出てきたので、これはもう、確実に運があるなと思った。

「あ、佐々木健介さん、明治座の舞台、出ない？」

って、いきなり僕、言っちゃったもん。

「いや、僕芝居はやったことないですから……できないです」

思った通り、健介さんは控え目に、恥ずかしそうにこう言うの。がっついてないでしょ？　こういう人って、運の神様は大好き。

「まあまあ、僕も今から仕事なんで、詳しい話はまた別の場所でゆっくりしましょうよ」

そう言って僕が行こうしたら、北斗さんに引き止められちゃった。

「萩本さん！　健介はできないって言うけど、大丈夫。私がやらせます！」

たくましいよね。でも、明るくて気持ちのいい言い方なの。

「北斗さんがそう言ってくれるなら安心だ。ちょっと考えておいてくれますか」

健介さんは、そのあいだ直立不動でじっと立っていて、「ありがとうございます！」という北斗さんの声を聞いたら、僕に向かってていねいに頭を下げてました。ほんと、気持ちのいい夫婦なんです。それで、ポスター撮影に間に合っちゃった。これだけでも健介さんが運のメッセンジャーだったってわかりますよね。

気持ちのいいあいさつが幸運の第一歩

健介さんのお芝居に関しては、最初は演出助手の人に全部まかせていました。でも、それをちょっと見ていたら、「ああ〜健介さん、台本を一生懸命読んで、昨日北斗さんと一緒に練習したんだな」っていうのがすぐわかる芝居をしてた。普通はこれ、誉《ほ》めるところかもしれないけど、僕の場合は違います。それで介入しちゃった。

「はい、やめてください。健介さん、台本はもう外して、僕が言うようにあとをついて言ってください」

そう言って、台詞を変えちゃいました。

「俺、相撲やめたんだ。けがしたんだ。俺の土俵入り見てくんないか」

という、健介さんが明治座で言っていた台詞があるんだけど、これはこのときできたんです。

「何も考えなくていいよ。僕が言うように、ただ怒鳴るように台詞を言ってくれればそれでオッケー」

って言ったんだけど、健介さん、すぐにできたから、「それだけ覚えちゃったらもう稽古は終わり。今日はもう、あがっていいですよ」と僕、そう言ったの。でも、健介さんは真面目だから、自分だけ早く終わったのが申しわけないって顔をしてた。

それで健介さん、山口良一のところに行って「僕、ほんとにもう帰っていいんでしょうか?」「いいんじゃないですか? 普通みんな、終わったら帰りますよ。僕だったらすぐ帰りますね」なんていう会話をしてる。その姿がまたおかしいし、かわいくてね。

山口は、あとで僕にこう聞いてました。

「大将、なんで今日、健介さんは五分で稽古終わっちゃったんですか? なんか意味があるんですよね」

僕が考えていたのはこう。健介さんを見ていたら、どうも「芝居って大変な仕事なんだ」と思い込んで稽古場にきてた。最初にそう思い込むと、これからまた芝居の仕事がきたとき、「えっ、また大変な仕事?」って思うかもしれない。そうじゃなくて、「芝居って面白い。舞台って楽しそうだ」と最初に思ってくれたほうがいいと思ったの。

役者初体験だからうまくしてあげよう、なんて驕《おご》った考え方だと思う。うまくなるのは自分でやればいい。実際、僕の芝居に出てくれる人たちって、みんなそれぞれ自分で工夫して一生懸命物語を盛り立てようとしてくれている。でも、初体験の人にはまず、「芝居っていいな」って思ってもらうことがいちばんなんです。

だから健介さんの稽古は、だいたいいつも五分ぐらいで終わってました。舞台で困ったら、最初に覚えた台詞をくり返していればそれでいいんだよって、伝えた。舞台でも、いい味を出してましたよ。

すべての公演を終えたとき、北斗さんが僕のそばにきて泣いたの。

「健介はもうプロレスをやめました。これから先、佐々木家はどうやって食っていくんだろうって、ちょうど不安に思ってたときだったんです。そこへ、こんな素敵なお仕事が突然目の前にきた。また新しい世界で使っていただいて、ありがとうございました」

そう言って泣くんです。「どうやって食っていくか」なんて言葉、北斗さんの口から出るのがなんかおかしくて、僕は笑っちゃった。だって北斗さん、なにがあっても健介さんと子どもたちを守りそうな強い人だからね。

最後になにかひと言書いてくれ、って頼まれて、僕はこう書きました。

「ぼくの大好きな素敵な俳優さんです」

言葉でも健介さんに伝えました。

「あなたはどこかでまたきっと、役者として活躍するよ」

どうしてかっていうと、まず声がいい。プロレスで鍛えられたのか、舞台でもよく通るし、だれにもまねできない、いい声なんです。それに、芝居にわざとらしいところがまったくない。ものすごく素直。

健介さんのお芝居を見ていて、久しぶりに笠智衆《りゅうちしゅう》さんに会った気がしました。笠さんは会うといつも、「私は芝居がへたでねえ。よくこれで食っていると思うんですよ」と言ってた。でも僕にとって笠さんは、いちばん大好きな俳優さん。健介さんには、笠さんの面影があるんです。素朴で嘘がないお芝居。笠さんをよく起用していた山田洋次さんが、いつか健介さんに気づいてくれたらいいなって思ってます。

それにしても、健介さんとの出会いもすごいでしょ? スタジオで会ったのも奇跡だし、その場に北斗さんもいたっていうのもすごい。

そもそもの始まりは、健介さんが脚をきちっと揃えてあいさつしてくれたことでした。

運て、そういうところからくるんです。

素直な心に運は宿る

ここまで読んできて、「芸能人ってよく泣くな」って思わなかった？　そう、この仕事って、成功したとき必ず感激の涙が流れるんです。僕はこの世界に入ってから二〇回ぐらい感激して泣いたし、それの何倍も感激して泣いている人を見ました。そんな仕事って、ほかにはあんまりないんじゃないかな。サラリーマンをやっていて、会社でボーナスがあがったら泣きます？　月給があがったり昇進したときも、笑うことはあっても泣くことはないでしょ？　だから僕、若いコメディアンが芸能界をやめると言ってきたときには、たいていこう言うんです。

「惜しい世界を去っていくね」

つまり、やめないでねっていうこと。

「でも僕、もうこのままじゃ生活していけない。仕事がなくてアルバイトのほうが多くなっちゃったんで、このまま芸能界にいても無理だと思うからやめます」

そう言う人には、僕は言葉を重ねてこう言う。

「君は、この世界とほかの世界のどこが違うか知らないでしょ。芸能界っていうのは、仕事のなかに感激がある。感激して泣けるんだよ。僕も何度も感激で泣いたし、何度も感激して泣いている人を見た。だからコメディアンはあきらめても、この世界でなにかをつくっていったらどうだい？　マネージャーとか照明さんになって、この世界に留まることもできるんだよ。気が向いたらまた帰っておいで」

やめたいって言ってきた人のなかには、才能がある人たちもいました。

風見しんごもその一人。『欽ちゃんの週刊欽曜日』で有名になって、五年ぐらい経った頃だったかな。しんごの場合は、「やめたい」じゃなく、もうやめる決心をして僕のところへあいさつにきた。だから「ちょっと待ってくれ」と。引き止めたんじゃなくて、「やめられたら困る」って言ったの。

「今までしんごがやってきた笑いは、周りのことを気にせず、自分だけがおかしいっていう笑いに見える。それじゃあ、周りに迷惑かけっぱなしでやめることになるよ。もし本当にやめるのなら。『人に喜ばれる笑い』をやってから去ってくれない？　人というのは相手役。一緒にやった相手役がみんな、『しんごちゃんとやって楽しかった』と言うようになってからやめてほしい」

ちょっと言葉はきついようだけど、しんごはそれができる、まだ伸びると思ったからね。だから「相手の笑いを助けてあげる」「相手が受けるようにしてあげる」ことができるコメディアンになってほしかった。

しんごはものすごく素直でした。

「申しわけございませんでした。僕が周りの人たちに迷惑をかけているとは気がつきませんでした。共演者に喜ばれたり、共演者を受けさせるようにもう一度努力してからやめます」

普通二〇代でなかなか言えないでしょ、この言葉。しかも、しんごはこのとき宣言した通り、一緒に出ている人を引き立たせることを自分で学びました。もともとの賢さもあるけれど、ずいぶん努力もしたんじゃないかな。

それからどのくらい経った頃だったか、しんごに会ったので声をかけました。

「しんご、よく頑張ったな。僕の言ったことがそろそろできてきたから、もういつやめてもいいんじゃないの？」

そうしたら、しんごはこんな答えを返してくれた。

「人に喜ばれることができるようになったら、それが僕にとってすごく心地いいことだってわかったんです。だから、もう少しつづけさせてもらいます」

自分でとことん学んだ人じゃないと、この言葉も出てこないよね。僕の言うことを素直に聞いたしんごは、運の神様に好かれたんだろうね。今も活躍して、僕を助けてくれています。

人とのちょっとした出会い、わずかな会話が、のちのち物語になるんです。自分の身の周りにいる人の「伝記」に、みんな関わっているわけ。

自分が発する言葉一つ、ささいなしぐさで、相手の言葉が変わってくる、行動が変わってくる、仕事が、生活が変わってくる。それぞれがお互いの運のメッセンジャーなんだと意識すると、いい運を自分がもらうためには、自分も人にいい運をあげなくちゃ、って思いますよね。

4章

恩人たちがくれた運

生きていればだれでも必ず恩人に出会います。
僕もたくさんの恩人から、運を山ほどもらいました。

「若いうちはお金につられるな」

長いあいだ生きているうち、周囲は恩人だらけになっちゃいました。なにも直接親切にしてくれた人だけが恩人じゃありません。ああいう生き方って素敵だな、あんな言葉を使える人間になりたい、そう思わせてくれた人も恩人。

自分に意地悪をした人や冷たい態度をとった人がいても、それをきっかけにして「負けてたまるか！」って自分が頑張れば、のちにその人たちを恩人と思えるようになるんです。

僕にもいろいろな恩人がいましたが、ここで紹介したいのはやっぱり大事な人たち。浅草でコメディアンの修行を始めてから、最初に出会った大恩人は東八郎《あずま》さんです。東貴博のお父さんで、大人気のコメディアンにして最高に素敵な人でした。

浅草の東洋劇場で僕の師匠だった人がやめることになったとき、「これからは俺の代わりに欽坊の面倒を見てくれ」って、東さんに僕を託してくれたんです。東さんはとびきりいい人でね、僕の面倒を一生懸命見てくれました。

その頃、僕は東洋劇場の給料だけじゃ生活できないので、アルバイトもしてたんです。キャバレーの司会とかね。そんな僕に、東さんはこう言ってくれたの。

「若いときに大事なのはお金じゃないよ。ギャラの高さで仕事を選んでると、それ専門になっちゃうからやめな」

目先のお金に惑わされず、芸を磨けってことですよね。この言葉で僕、考え直したんです。それから東さんは、こうも言ってくれた。

「まだコンビは組んじゃだめだよ。芸っていうのは一緒にやってる相手からも学ぶものだから、若いうちに自分と同じぐらいの芸しかないやつと組んでもしょうがない」

これもいい言葉でしょ？　のちに僕とコント55号を組む坂上二郎さんもずっと一人でやってたから、東さんと同じ考えだったんじゃないかな。

東さんは言葉だけじゃなく、舞台上でも身をもって示してくれました。

「役はなんでもいいから、欽坊を俺のそばに置いといてくれ」

演出家の先生にそう頼んで、自分の芸を間近に見せながら教えてくれたんです。コント55号で僕がやってたツッコミ、実はあれを覚えたのも東さんのおかげ。

最初のうち、僕は舞台に立ってもなにもできなかったから、ただぼ～っと立ってたんですが、するとすかさず東さんのツッコミが入るんです。

「おまえ、俺が話してんのにわかってんのか！」

そう言ってガツンとやられるんだけど、僕は東さんより後ろに立ってたから、僕がぼ～っとしてる姿は東さんから見えるわけがない。「わっ、ツッコミって後ろにも目がなきゃできないんだ」って、驚いちゃった。

もう、毎日がこういう発見。「欽ちゃん走り」も、もとはと言えば東さんのパクリなんです。浅草時代、東さんがああやって舞台上を横走りしてたの。それをいつも見てたもんだから、コント55号でテレビに出たとき、なにかの拍子にあの走りが出ちゃった。それをだれかが「欽ちゃん走り」って言いだして広がったんですけど、本当は東さんの走りだから「八ちゃん走り」なんです。

「敵討ち」はしない

芸だけじゃなく、コメディアンとしての基礎も東さんから教わったことはたくさんあ

りました。あるとき僕が着物を着て、角帯を前で結んで後ろにまわそうとしたら、
「ああ〜、欽坊、それだけはやめろ。帯はコメディアンにとってすごく大事なんだ。コメディアンは年齢で格が決まるんじゃない。帯の結び方なんだ。角帯はきちっと後ろで結べるようにしとけよ。たまに違う劇場に出ることがあるだろ？　そのとき帯を前で結んでから後ろへ回すようなやつを見たら、たとえ先輩でもアドリブでぶっつぶしてかまわないぞ」

角帯をきちんと結べないコメディアンは正統ではない、というのが芸人の暗号だったんです。このことはほかの先輩からも聞いていましたけど、東さんは当時よく舞台で女形をやっていたので、「おまえも女形の着物が着られるようにしとけ」って、女物の着物の着付けまで教えてくれた。それも「こういう女役のときはこう」って何通りも教えてくれるんです。

東さんは、そうとう繊細な人でしたね。しかも、劇場の改革者でもあった。僕が東洋劇場に入った頃は、暴力沙汰が日常茶飯事。若手はよく先輩に殴られて、そのたびに鼻血を出してたりしました。

でも、東さんがトップになったとき、それまでの常識が変わりました。東さんはだれも殴らないし、怒らない。暴力はよくない、もっとイメージをよくしてコメディアンの地位をあげたい、というのが東さんの考えだったんです。

素晴らしい、とだれでも思うでしょ？　僕も東さんを尊敬してます。でも、東さんのやり方には、一つだけ落とし穴がありました。座長があまりにもやさしいものだから、みんな舞台上で芝居がぐちゃぐちゃになっちゃうの。それまで厳しい稽古を通じて脈々と伝えられてきた浅草の軽演劇が、ちょっとだけ崩れたんです。それで僕、東さんに聞いたことがあります。

「東さん、これまでみんなも僕も先輩たちから怒られながら舞台にあがってきたのに、東さんの代になったらなんにも言われない。うれしいけど、これだと長いあいだ浅草でやってきた軽演劇がちょっと崩れちゃわない？」

そう言ったら東さん、

「うん、多少崩れたっていいじゃないか。俺、敵討《かたきう》ちはしたくない。自分が先輩にやられたからって、後輩に同じことをするっていうのだけはいやなんだ。俺の時代から、以前とは違うことをやる。みんなそれぞれ、自由にやればいいんだよ」って。ちゃんと覚悟のうえで改革してたんですね。でも実は、僕にだけはいろいろ教えたり、注意してくれました。

「欽坊、今日あいつがやってたあれ。軽演劇であれはやるんじゃないぞ」とかね。

当時の東洋劇場では、踊り子さんのショーの合間に一時間の劇を二回やっていて、系列の劇場からそうそうたるコメディアンがゲストできてたんです。でも僕は最初から東洋劇場の専属で、東さんにとっては直弟子。それに考え方も似ていたので、特別に目をかけてくれたんじゃないかな。

ただ東さん、暗黙のルールとか序列とかはみんなに平等に教えていましたね。あるとき僕の前に後輩の子が座ったら、「おまえ、欽坊の前に座るな」って叱《しか》ってた。僕が「いいじゃないですか、東さん」と言っても「だめ。こういうことはきちっとしないとよくない」って。

東さんは東洋劇場のなかで、唯一の常識人でもあったんです。

偉大な先輩に教わった運が遠ざからない生き方

東さんは自分の家にもよく僕を呼んでくれました。テレビでは奇妙なイントネーションで笑いをとっていた東さんですが、本当は生まれも育ちも浅草。バリバリの江戸っ子なんです。

お母さんがまた、絵に描いたような江戸のおっかさん。聞くところによると、東さんが東洋劇場に入るとき一緒にきて、「おう、今日からうちの息子を入れるからよろしくな！」って支配人に言ったとか。

僕が家に行ったときもそんな感じのしゃべり方でね。「おっ、欽坊きたのか。急にきたって飯なんかねえよ」って言いながら台所へ行って、シャケとかを焼いて食べさせてくれる。僕が遠慮がちに食べてると、

「こらっ、若いくせに飯をもたもた食うんじゃない。飯はサッサと食え」

と言われるんだけど、「ごちそうさま」って僕が言うと、「若いもんがごはん一杯でどうするんだよ。それじゃ力が出ないだろう。おまえがいらないって言ってもよそっとく

よ！」なんて言う。そんなおっかさんでした。

たまに東さんの家に泊めてもらうと、朝がまた大変。

「こらっ、欽坊、このやろ〜。人のうちにきていつまで寝てんだ！」

って、おっかさんに蹴飛ばされちゃう。でもね、その荒い言葉と態度には、たっぷり愛情がこもってるんです。

家にいるときの東さんは、普通のおとなし〜い青年でした。東さんのお父さんも上品でインテリで物静かなタイプ。おっかさんだけが江戸の姐《あね》さん。ああいう人、もういなくなりましたね。

東さんには本当に世話になりましたが、すごいなと思ったのは、僕に教えたことを自分でもきっちりと守っていたこと。これ、当たり前のように思うかもしれないけど、実際はむずかしいんです。みんな自分にはつい甘くなりますからね。

いちばんびっくりしたのは、テレビ局にスカウトされて、主役級の待遇でテレビの世界に行った東さんが、そのあとまた浅草に戻ってきたこと。僕は不思議に思って聞いたんです。

「東さんせっかくテレビに呼ばれたんだから、ずっとテレビの世界でやってればよかったのに、どうして帰ってきちゃったの？」

「うん、そのままテレビの世界にいてもよかったんだけど、テレビってあわてて行くところじゃないんだよ。それよりまだ、浅草でやることがあるから一度帰ってきた」

「もったいないんじゃないですか？　テレビで主役までやったのに」

「うん、でも三年ぐらいでやりたいことが終わると思うから、テレビはそのあとでまた行っても遅くないんじゃないかな」

　その裏には当時具合が悪かったお母さんへの親孝行とか、劇場に対する義理みたいな理由もあったらしいけど、目の前のチャンスにすぐ飛びつかず、着実なところが素敵でしょ。といっても、その当時の僕は東さんの気持ちがぜんぜんわからなくて「ふ〜ん」なんて言ってました。

　今考えると、東さんの生き方は「がっつかない」とか「目標を遠くに置く」っていうことにつながるよね。そんなことも東さんに教わったの。運に対する僕の考え方も、こういう人と出会ったことでだんだん固まっていったんです。

東さんは僕より五歳年上なだけだから、師匠というよりいい兄貴分という感じだった。僕と出会った頃はまだ二〇代の前半だったのかな？　それにしては、もう立派な、かっこいい大人でしたね。

運の神様が敬遠する「酒と博打と女」

東さんが東洋劇場唯一の常識人だとすれば、それと対照的だった人が石田瑛二《えいじ》さん。ツッコミもボケも超一流で、芝居もものすごくうまい。僕が東洋劇場に入ったとき、石田さんは新宿フランス座の座長をしていて、ときどき東洋劇場の芝居に出てました。系列劇場の座長クラスが揃う芝居でも、主役はたいてい石田さん。

石田さんの芸には、コメディアン仲間もお客さんも、みんな惚れてました。だけど石田さんは酒癖が悪くて、人間関係がみんなぶっちぎれちゃう。森繁久彌《もりしげひさや》さんに見込まれて大きな舞台にも呼ばれたんですけど、やっぱり酒がもとで失敗しちゃった。

でもね、僕にとっては大事な恩人の一人です。最初に出会ったとき、石田さんは僕にこう聞きました。

「坊主、おまえ今いくつだ？」

「二二です」

「おめえ遅えな。芸っていうものを体に身につけるのは二二までだよ。でもな、今からでもいい。酒と女と博打には手を出すなよ。修行中にその三つが入ってきたらもう無理だ。坊主はあと四年修行してるあいだ、それに手を出さなければ一人前になれる。いい芸人になるには、どう努力したかじゃない。酒と博打と女が生活に入ってきたか、こなかったかだけだ」

これも後輩に送るいい言葉ですよね。でもね、そう言ってる石田さんが毎日飲んでいるのを僕は知っていましたから、ちょっと不思議でした。ずっとあとになって、一度石田さんにこう聞いたことがあるんです。

「石田さん、こんなにお上手なのに、なぜもっと大きな劇場とかに行かないんですか？」

「以前おまえに教えたろう。酒だよ。飲まなきゃいいって、自分でもわかってる。でも飲んじゃうんだよ。飲むと美味しいんだよ。飲むとわからなくなるから、その前に『飲むな』ってだれか言ってくれればいいんだけど……むずかしいなぁ」

しみじみとこう言われて、なにか気の利いた言葉を返そうと思っても、そのときの僕には「僕は飲まないからわかんないけど……」としか、言えませんでした。

そうしたら石田さん、

「ふ〜ん、飲まないのか。飲まない坊主はツイてるなぁ」

って。石田さんの教えは、僕の芸の肥やしというか、宝ですね。普段は怖かったけど、石田さんにもたくさん学ばせてもらいました。

ある芝居で、おばあさんに扮《ふん》した石田さんがぴょ〜んぴょ〜んって跳びながら舞台の袖に引っ込んだら、お客さんにすごく受けたんです。それで僕、自分におばあさん役が回ってきたとき、石田さんのまねをしてぴょんぴょん跳びながら舞台へ出たらぜんぜん受けない。しかも、舞台が終わった直後、石田さんに首ったまをつかまれて劇場の四階まで連れていかれた。

「てめえ、このやろ〜、ばあさんは跳ばねえんだよ！」

って言いながら石田さん、僕の頭を引っ張って、顔を窓の外に出したんです。

「いいかっ、こっからず〜っと外を見てろ。ばあさんが通ったらよく見るんだぞ。もし飛んでるばあさんがいたら俺に言え」

　そう言って石田さんはどこかに行っちゃいました。なにを怒られたのか、わけわかんないな～と思いながら、それでも僕はず～っと下の道を見てました。当たり前ですけど、どのおばあさんも普通に歩いてます。だから何時間かして、石田さんに言ったんです。

「おばあさんはみんな跳んでいませんでした」

「そうだよ、ばあさんは跳ばね～んだよ！」

　石田さん、そう言うなり僕の頭をゴツンと叩きました。でも僕はまだ理解できなくてね。だって石田さんはおばあさんの格好をして跳んでたし、それが受けてた。だから最初はこう思ったの。僕みたいな新米のコメディアンは、まだ先輩のまねをしちゃいけないってことかなって。

　でも、何日か考えつづけていたらわかりました。石田さんのおばあさんが跳んだのには、わけがあったの。歩いて舞台に出てきたところで、バナナの皮を踏んでステ～ンと大股を開いて転んじゃった。おばあさんはそれが恥ずかしくて、ぴょんぴょん跳びながら舞台から去っていったんです。

僕はただ跳ぶところだけをまねしちゃったので、「よっぽどの理由がなきゃ、ばあさんは跳ばないだろ」と石田さんは怒ってたわけ。でもこういうとき、悪いところは指摘してくれるけど、その理由は言ってくれない。

「おまえの芝居見てたけどな、出と引っ込みはコメディアンの命だ。おまえの出と引っ込みはな……」

石田さんにこう言われたこともありました。ここまで聞けば、僕の出と引っ込みはなってない、ってわかりますよね。でも、どこが悪いのか聞こうとすると、その先はやっぱり言わない。これって、いやでも気になるでしょ。それ以来僕は、出と引っ込みを一生懸命研究するようになったんです。

といっても自分のことは自分で見られないから、ほかの人の芝居をじっと見てるわけ。あ、東さんが出ていくと、お客さんがぐ〜っと身を乗りだすような感じになるな。優れたコメディアンになると、最後もただ去るんじゃなくて、去り際にパッと止まってカッと一言しゃべって、ドカ〜ンと受けてる。僕の引っ込みは、ただ黙って去っていくだけだったなぁ……。

こうやって自分で探しながら覚えていくと、それが身につくんです。なにもかも言葉で教わっちゃうと、自分で考えないからすぐ忘れちゃう。だから、浅草でなにがよかったかというと、きちんと教えてもらわなかったことでしょうね。石田さんみたいな優れ者が、僕にヒントだけくれた。

石田さんだけじゃなく、浅草のコメディアンはほとんどがこういう教え方でした。僕はまたいろいろ聞きたがるほうで、「どうやったらうまくなれるんですか？」って先輩たちみんなに聞いていたら、「大きな声出してればいい」「ずっとやってりゃうまくなるよ」なんて答えばっかり。

聞いたことに対して、理論的にはっきり答えてくれたのは東さんだけでしたね。でもあまりにも答えが返ってこないことが多かったおかげで、僕は一人で研究するようになった。そう思うと、浅草時代に出会った人たちはみんな恩人ですよね。

後輩の失敗は笑って許す

ところで、石田さんが言った「酒と博打と女には手を出すな」ですけど、ほかの先輩たちはまったく逆のことを言っていました。

「芸人はな、飲む、打つ、買うが芸の肥やしになるんだ」

これが多数派の意見。僕は修行中の身でお金もないし、極度のアガリ症だから女の人とのつき合いなんて考えもしなかったけど、「飲む」と「打つ」は先輩に誘われると断れないんです。前に書いたように、お酒はもともと苦手な体質。でも、飲む席に呼ばれると、つき合い程度には飲んでいました。

あるとき、東さんに誘われて一緒に飲んでいたとき、酔っ払いのギャグのつもりでこう言ったんです。

「な〜にがアズマだい、ふざけんじゃね〜や！」

その場は東さん、笑ってましたけど、翌日こう聞かれました。

「欽坊、おまえ昨日言ったこと覚えてるか？」

「いえ、ぜ〜んぜん覚えてません」

ほんとは覚えてたけどこう答えたら、東さんから命令されちゃった。

「このやろ〜、酒癖の悪いやつだな。もう、酒は一切禁止。金輪際、一滴も飲むな！」

しかも東さん、ほかのコメディアンに会うたびに「いいな、これから欽坊には一滴も飲ませるなよ」って言ってくれたもんで、僕としては大助かり。酒の席に誘われても、断る大義名分ができちゃいましたから。

石田さんが言った「飲まない坊主はツイてるな」っていう言葉、僕には大正解です。お酒を飲むと時間をずいぶん使っちゃうし、飲むとネタを考えられなくなるから、「飲めない」ってことが僕には大きな運だった。

でも浅草時代、賭け事はずいぶんつき合いました。それでね、一度大きな失敗をしたんです。ある先輩コメディアンと久々に会うことになって、待ち合わせ場所に指定されたのが浅草の雀荘。時間通りにそこへ行くと、まだ先輩はきていなかったので、僕はほかの人がマージャンを打つのを見ながら先輩を待っていた。そこへ、ドカドカっと足音も高らかに雀荘になだれ込んできた一団。

「ハイッ、全員そのまま動かないで！」

なんと、制服のお巡りさんと私服の刑事さんの集団でした。どうやらその日、この雀荘で賭けマージャンが行われているという通報があったらしい。

「全員、署までできてもらいます」

と言われ、先輩にも会えず、なにがなんだかわからないまま、僕も警察に連れていかれちゃった。

「あの〜、僕、あそこで人と待ち合わせをしていて、あのときは見ていただけなんですけど」

そう言ってもなかなか帰してくれなくて、

「とりあえず今夜は遅いので、一晩泊まっていってもらいましょう」

結局、生まれて初めて、留置場に入りました。翌日、疑いが晴れて無事帰してもらったんですけど、その日の夕刊を見てギョッとしました。

『コント55号の萩本欽一が賭けマージャン！』

夕刊紙の見出しにこんな文字が出てたんです。コント55号を結成して、ちょうど半年ぐらいのときでした。浅草で二郎さんと始めた55号がバカ受けしちゃって、僕たちは日劇の歌謡ショーにゲストで出るようになってたんです。しかも、警察に連れていかれた日から一〇日後には、『北島三郎ショー』に出演する予定でした。

ああ、二郎さんに申し訳ない！　最初に浮かんだのはこれでした。賭けマージャンは濡れ衣でも、新聞の影響って大きいんです。だから日劇の出演中止は当然のこと、もうコント55号も解散に追い込まれるかと思いましたね。

北島さんや日劇の関係者にも大変な迷惑をかけることになるので、とにかくまず北島さんに謝りに行かなくちゃ。そう思って、日劇でショーの練習中だった北島さんを訪ねました。

「このたびはどうもすみませんでした！」

そう言って頭を下げたら、

「いいよ、いいよ、気にするな。男ならよくあることじゃないか。それより一三日からの俺のショー、頑張ってくれよ！」

「えっ、僕たち、出演してもいいんですか⁉」

「当たり前じゃないか。コント55号、面白いよ！　前途有望な新人を、俺はそんなことでつぶさないから」

そう言ってにっこり笑った北島さんの顔、今でもよく覚えています。当時、デビュー五年目の北島さんは、『函館の女』などをヒットさせていて、すでに大スターでした。その大スターが、まだテレビにも出ていないし、全国的にはほとんど無名だった僕たちを励ましてくれたんです。

北島さんも東さんと同じで、僕より五歳上。男気のある兄貴の言葉で、僕はどんなに救われたことか。日劇のプロデューサーも「舞台で名誉挽回すればいいさ」って言ってくれました。おかげでコント55号は日劇出演をやめなくてすんだんです。

もしあのとき北島さんに「賭けマージャンを疑われるようなやつとは仕事したくない」と言われていたら、コント55号は本当に解散していたかもしれません。その意味でも北島さんは大恩人なんです。

あの日から四七年経った二〇一四年、NHKの番組で北島さんと対談する機会をいただきました。実はじっくり話すのって、これが初めて。「御大」北島さんは、若い頃とまったく変わらず、大らかで男気のある人でした。

ここで僕、もう一回言いたい。北島さん、あのときはありがとう！

自分の運を丸ごとくれた浅草の姐御

「浅草は人情の町」。よくそう言われますよね。売れない芸人が飯屋に行くと、「出世払いでいいよ」なんていうイメージがある。

でも、僕は浅草でそういう人情を感じたことはあんまりなかった。多分社会的に、みんな自分が生きていくだけで精いっぱいの時代だったんでしょうね。

浅草で人情を感じさせてくれた人は、東八郎さんと東洋劇場の踊り子さんだけです。僕よりちょっと年上で、いちばんの売れっ子だったお姐《ねえ》さん。初めてまともに話したのは、僕が東洋劇場を離れて一年間地方巡業に出る前のこと。このお姐さんが送別会を開いてくれたんです。

「坊や、送別会もしてもらえないんだって？　じゃあ、私がしてあげるよ」

いきなりそう言われて、僕の頭のなかは「?」でいっぱい。だってそれまで言葉も交わしたことがないし、踊り子さんの座長クラスだった彼女は、新米コメディアンの僕にとっては雲の上の人。東洋劇場はコメディより踊りがメインでしたからね。

お姐さんの友だちと、僕の友だち四人で食事をしたんだけど、なにを食べたのかさっぱり覚えてません。でも帰りがけ、僕には忘れられない出来事があったんです。

「坊や、これから苦労するかもしれないね。そうだ、困ったらこのネックレスを質に入れな。けっこういいお金になると思うよ」

そう言ってお姐さん、自分がつけてたネックレスをぴゅっと首から外して、ぽ〜んと僕に投げてよこした。受けとった僕がとっさになにも言えず、きょとんとしていると、「じゃあね〜」ってお姐さんは帰っていっちゃった。なんか、ドラマのワンシーンみたいでしょ?　地方修行のあいだ、僕はそのネックレスをお守りだと思って、ず〜っとポケットに入れてました。

お姐さんと再会したのは、地方修行から浅草へ帰ってきたときのこと。相変わらずスターの踊り子さんとペーペーのコメディアンだから口もきけないんだけど、お姐さんはまた僕を援助してくれたの。僕が単独でテレビに呼ばれるようになったときも、お姐さんが電車賃をくれた。

でも、劇場内でそんなやりとりはできないから、僕が劇場の外に出て道路で待っていると、お姐さんが劇場の上のほうの窓からお金を投げてくれる。一〇〇円玉をお札にくしゃくしゃっとくるんで、ぽ〜んと放るんです。

僕は毎回そのお金で、テレビ局と浅草の下宿先を往復してました。テレビに呼ばれたと言ってもたいていはエキストラ的な仕事で、謝礼もごく少ないから、僕はいつもお金に困ってたんですよね。

そのうちお姐さんは僕の下宿にもくるようになって、「しかしこの部屋、なんにもない部屋だね〜」って、テレビや三面鏡を買ってくれた。根っからの姐御《あねご》肌でしたね。

有名になったら、このお姐さんには思いっきり恩返ししたい！　そう思ってたのに、コント55号を結成して僕が売れてきたら、お姐さんは浅草から消えてしまいました。

「欽ちゃんは有名になったんだから、私がそばにいちゃ邪魔になる」

どうやらお姐さんはそんなことを考えて、浅草から逃げたらしい。もう、必死で探しましたよ。僕のほうは、やっと有名になって彼女と結婚できる、と思ってたところでしたから。

ところが、お姐さんの友だちからようやく居所を聞いて駆けつけると、もうそこも引き払ったあと。こんなことを何度かくり返して、ようやく結婚にこぎつけたの。

そう、浅草時代に僕を助けてくれたお姐さんが、僕の奥さんなんです。今も彼女、「萩本欽一の妻」として人前に出るのは大嫌い。あんなにスターだったのに、普通すぎるほど普通のおばちゃんになってます。きっと自分の運を、丸ごと僕にくれたんですよね。うちの奥さんも、僕にとってはかけがえのない恩人です。

「理不尽」に耐えて、運をためる

その昔、僕の家にはいろいろな人が下宿していました。僕は「弟子」にしたつもりはないのに、いつの間にかうちに居ついていた若者もいたり、合宿形式で放送作家を育てていた時期もあったんです。

シリーズ一冊目の本に書いたように、パジャマ党やサラダ党という作家集団を育てていたときは、毎日彼らをマージャンや将棋につき合わせてました。これは、「つらいことに耐えて、笑顔で相手に接する」ということを覚えさせるため。彼らの「運」をためるための儀式のようなものだったんです。

なぜこんな方法を選んだかというと、実は僕も若い頃、同じようなことを体験したから。僕に無理難題を吹っかけていたのは、コント作家のはかま満緒《みつお》先生。浅草の劇場から最初に僕をテレビに誘ってくれたＴＢＳのディレクターさんに紹介されて、僕はよくはかま先生の事務所に行っていました。

はかま先生を一言で言うと、全身ギャグの塊《かたまり》。この人に、僕はだいぶ鍛えられました。

「おい、将棋やろう！」

ある日事務所に行くと、はかま先生が台本を書く手を止めてこう言うので、やんわり断ったんです。

「いや、僕、弱いですから」

「おっ、いいねえ〜。俺、強いやつとはやりたくない。やろうよ」

それで、仕方なくつき合いました。普通、将棋って弱い方から先に指すんだけど、はかま先生は「おまえ、弱いんだから、俺が先手を指すな」って言って、指し始めた。当然、僕が負けますよね。そうしたら今度はこう言うの。

「おまえ、俺に謝ってくれる？」

びっくりして「えっ？」って聞き返したら、

「負けたら謝るのは当たり前だろう？」

「はぁ、どうもすいませんでした」

「大事な時間を費やしておまえと将棋やったんだから、すいませんのひとことじゃ納得いかないな。三分間俺に謝りつづけてくれ」

ですって。自分から無理に誘ったくせにね。でもこれ、いじめじゃないんですよ。シャレ。僕だってコメディアンですから、お詫《わ》びで笑いをとらなくちゃならない。

「え～、本日はまことに申し訳ありませんでした。あなたさまがこれほどお強いとも存じあげず、私ごときの腕前で先生の貴重なお時間を無駄にしまして……え～……」

「まだ二五秒！」

「じゃあ、今のつづきから……」

「ダメ！　最初っからやり直し。俺、気持ちよく謝られたいんだよ」

それじゃあ、と、もう一回やると、

「あのさ、意味のないことをだらだら延ばさないでくれる？　それじゃぜんぜん感情が伝わってこないよ」

何度もやり直して四〇分くらい謝りつづけてたら、最後に「もういいよ。ぜんぜん気分良くならない」って言われておしまい。こっちはもうへ〜ロへロ。

もう、はかま先生の事務所ではこんなことばっかり。夜、帰ろうとするところを呼び止められたことも、一度や二度じゃありません。

「あれ、おまえなんなんだよ。もう帰ろうっていうの？　俺をひとりにして、寂しくさせていいと思ってんのかよ？」

なんて言われちゃう。

「あの〜、そろそろ電車がなくなるんで」

「電車〜？　おまえ、電車と俺とどっちが大事なんだよ」

「そりゃあもちろん、はかま先生ですよ」

と言いながら、心のなかでは、電車のほうが大事なんだけどなぁ〜、と思ってました。だって終電を逃したら、歩いて帰らなくちゃならない。でも、はかま先生に呼び止められたら最後、しゃべってるうちに決まって終電の時間は過ぎちゃうんです。

ある日、また終電を逃して、しょうがない、今日は歩いて帰るか、と思ってると、「俺、ちょっとトイレ行ってくるわ」って、はかま先生がふっと部屋から出て行って、なかなか戻ってこない。あれ、どうしたんだろう、おなかでも壊しちゃったのかな。心配だし、あいさつしないまま帰るわけにもいかないし……。悩みながらずっとそこにいるうち、朝になっちゃったこともありました。

結局、先生は朝になったら向こうの部屋から戻ってきて「あれ？　なんだよおまえ、まだいたの？」だって。僕が「帰る」っていうときには「寂しくさせるのか」って帰さないで、ずっといると「まだいたのかよ？」ですからね。

僕は年中はかま先生の言葉に引っかかって、被害を蒙《こうむ》ってましたが、それにまったく引っかからなかったのが、脚本家の市川森一《しんいち》さん。市川さんはその頃、はかま先生の事務所にきてたんです。市川さんは要領がすごくよくてね、はかま先生のそういう言葉にいっさいひっかからない。なにしろ、「おい、市川よ〜」ってはかま先生が呼ぶときには、もういないの。気配を察して素早く逃げてるんですよ。その点僕は、要領悪いですからね。いつも逃げ遅れて、はかまさんのいいカモ。

でもね、これがすご〜く勉強になったんです。生活そのものがコントみたいなはかま先生と長い時間を過ごしたことが、僕のコントのルーツにもなった。浅草で覚えたのはコメディアンの「動き」や「間」だったけど、はかま先生からはテレビで必要な「話術」、「言葉」を教わった。

それと、つらい目にあわされたときに「耐える」、「考える」といい、っていうことも、このとき覚えました。だから自分が若手を育てる立場になったとき、先生のまねをして延々将棋につき合わせたりしてたんです。実を言うと、僕のやり方のほうが何倍もキツかったけどね。それでも僕の弟子たちは優秀だった。みんなそれに耐えて一流の放送作家になって、今では僕を助けてくれてる。

この僕の運も、もとはと言えば、はかま先生が運んできてくれたんですよね。

「裏」の言葉で通じ合うおしどり夫婦

僕は芸能界で知り合った人と、友だちづき合いってあんまりしないんです。でも長門《ながと》裕之、南田洋子夫妻とは、ずいぶん仲良くさせてもらいました。

お二人と知り合ったのは、僕が単独で出演していたクイズ番組。長門さんたちもレギュラー回答者として出演していて、話をするようになったんです。

洋子さんは当時まだ独身だった僕を気づかって、「欽ちゃん、ちゃんとごはん食べてる?」っていつも聞いてくれたし、僕の家にストーブがないと知ると、さっそく暖房器具をプレゼントしてくれた。しかも、二人で直接僕の家に持ってきてくれました。

ある日、ドアをノックされて扉を開けたら、長門さんと南田さんが目の前に立ってて、「欽ちゃん、このヒーターなら火事にならないから使って」と洋子さん。石油ストーブやガスストーブは火事になりそうで怖い、と僕が言ったもので、わざわざパネルヒーターを買ってきてくれたんです。当時まだ、エアコンはそんなに普及してなかったですからね。

こんな親切な夫婦、めったにいないですよね。その二人が僕のことを弟みたいにかわいがってくれて、家にも年中招いてくれたんです。

長門さんと洋子さん、「おしどり夫婦」として有名だったでしょ。でも家のなかではそんな気配がぜ〜んぜんなくて、最初のうちは驚きの連続。長門さん、なにかっていうと、洋子さんを怒鳴ってるの。「ちょっとあなた、タバコ吸いすぎじゃない？」と洋子さんが言えば、「うるせ～、ばかやろ～！」とかね。

そんなとき、洋子さんは絶対口答えしない。怒鳴られると、す～っとその場から去っていくの。なんともその姿が粋なんです。そんな姿を見送ったあと、僕はよく長門さんにツッコミを入れてました。

「長門さん、あの人は大女優の南田洋子さんですよ。しかも長門さんのことをものすごく気づかってる。もうちょっとやさしく言ってあげないと失礼でしょ」

そうすると長門さん、「いいんだよ！」って言うから、僕はさらに言っちゃう。

「世間では長門さんと洋子さんのことをおしどり夫婦って言ってるけど、実態はずいぶん違うじゃない」

そうしたら長門さん、そこは素直なの。

「そうなんだよ。ちっともおしどり夫婦じゃない。俺、偽善者だからさ」

ただし、このあとにまだ言葉がつづきました。

「でもね、欽ちゃん、あいつ凄いんだよ。ちょっとこっちに見にきて」

と、長門さんに案内されたのは夫婦の寝室。さすがに僕も入りにくくて、

「なんで僕が長門さんと洋子さんの寝室をのぞかなくちゃいけないんですか？」

って言ったんだけど、「いいから見てよ」と部屋のなかに連れていかれた。そこで長門さんは僕に、「わかる？　なんか不思議だと思わない？」って聞いたんです。

「不思議といえば、三面鏡が部屋のなかじゃなく、廊下の隅に置いてあるってことですか？」

「そうなんだよ。それがあいつの素敵なところだね。普通、夫婦の部屋なんだから、三面鏡は部屋のなかに入れないかい？　ところが洋子は、『この鏡は私の姿を映す鏡ですから、夫婦の部屋に入れたらあなたに失礼です』って言う。洋子ってそんな女だよ」

これを聞いて僕、言ったんです。

「なんだ長門さん、やっぱりおしどり夫婦ですね」

そうしたら長門さん、「もうひとつ見せちゃおうかな」って、また僕を別の部屋に連れていった。そこは亡くなった長門さんの父親、澤村國太郎さんが闘病生活を送っていた部屋でした。

「ここで洋子は、一三年間も俺の親父を一人で看病してくれてた。女優なのに、洋子の手はいつも消毒液の臭いがして、申し訳なかったな。俺、洋子がいないとなんにもできないし、一生頭があがんないんだよ」

そう言うから、僕は思わず、また聞いちゃいました。

「長門さん、心のなかでそんなに感謝してるのに、洋子さんがなんか言うとどうして『うるせ〜、てめー、ばかやろう！』しか言えないの？」

そうしたら長門さん、「そうなんだよな〜」って反省してる。感謝の気持ちを素直に言えなくて、「ありがとう」とか「愛してるよ」の代わりに「ばかやろ〜！」っていう言葉を使ってたんですね。こういう裏の言葉を言える人って、ほんとはすごくかっこいい。裏の言葉で表現するって、芸のうえでも大事なんです。

洋子さんが亡くなったときも、やっぱり長門さんは「ばかやろ〜」って洋子さんの亡《なき》骸《がら》に向かって言ってました。でも僕には、深い愛情が伝わってきた。あの「ばかやろ〜！」は「大好きだよ、なんで一人にするんだよ！」に聞こえましたから。

たまたま洋子さんが安置されている部屋に長門さんと二人きりになったとき、長門さんは僕に、こんなことを聞いてきました。

「欽ちゃん、洋子と二人の写真撮りたいんだけど、だめかな？　亡くなっちゃった人との写真は撮っちゃいけないのかい？　どうなんだよ、欽ちゃん、教えてくれよ。いいだろ、写真撮ったって！」

もう最後は泣き叫んでるの。あれには僕も泣けたなぁ。写真のしきたりについて、僕なんかが知ってるわけもない。でも、答えましたよ。

「大好きな洋子さんを撮りたいんでしょ？　ここで撮っちゃいけないなんてこと、ないんじゃないですか？」

長門さんは「そうだよな！」って言いながら、一生懸命写真を撮ってました。その長門さんも今は、天国で洋子さんと再会してまた「愛してるよ」っていう言葉の代わりに「ばかやろ〜！」って言ってるんでしょうね。

5章

運のお手本帳

運の引き寄せ方、つかみ方は人それぞれ。
その世界で成功した人からは、学ぶことがたくさんあります。

欠点を克服して運をつかむ

浅草の東洋劇場に入った頃、渥美清さんがときたま劇場にきていました。渥美さん、実は東洋劇場の出身なんです。だけど、劇場を建て直していたあいだにテレビに出演したら有名になって、そのままテレビの世界に行っちゃいました。

僕は建て直した東洋劇場に新人として入ったので、渥美さんとはすれ違い。その頃まだ『男はつらいよ』は始まっていなかったけれど、NHKの『夢であいましょう』とか『若い季節』で人気者になっていた渥美さんは、浅草の後輩コメディアンにとって憧れの存在。当時の浅草では、「渥美さんはいい舞台だけ見にくる」と言われていて、僕は舞台の袖で芝居を見ている渥美さんを見つけるたび、どきどきしたものです。

一度、僕の師匠だった東八郎さんが、渥美さんの話をしてくれたことがあります。東さんが渥美さんと一緒に東洋劇場の舞台に出ていた頃、劇場には芸に関して非常に厳しい先輩がいたそうです。で、東さんと渥美さんは、同じことでよくその先輩から注意を受けていた。

それは「滑舌《かつぜつ》」。東さんはもともと舌足らずのしゃべり方で、「おはようございます」が「おあよ〜おあいます」に聞こえちゃうんです。

朝、劇場でその先輩に会ったとき、「おはよ〜おあいます」ってあいさつすると、「なに？　今なんて言ったの」って聞かれる。つぎは気をつけて、「おはよ〜ございます」って言うと、また「なに？」って言われる。三度目は言葉を区切って「お は よ う ご ざ い ま す！」って言うと、やっと「あ〜、おはよう」ってあいさつを返してくれる。

東さん、これを毎日のようにくり返されていたんだけど、「僕の前にこれをやられていたのが渥美さんなんだよ」って言うから、僕は不思議でした。だってテレビで見る渥美さんは、すごくはっきりした言葉で語る人だったから。東さんによると、

「渥美さんも東洋劇場では『おはようございます』ってあいさつするたびに先輩から『なに？』って聞き返されていたんで、一生懸命直したんだよ。それで今のようにくっきりしたしゃべり方になって、それが渥美さんの『売り』になった。渥美さんの場合、叱《しか》れたところを矯正《きょうせい》して、自分の芸にまでしちゃったんだよ。すごいだろ？」

渥美さんはその先輩と舞台で共演するときも、意地になったように台詞《せりふ》をはっきりし

ゃべっていたそうです。のちに「寅さん」で見せてくれたあの明解で滑らかな弁舌も、先輩に指摘されたことをバネにして、獲得したものだったんですね。やっぱり一流の人は違います。でもね、ここでまた一つ、疑問に思ったので聞いてみました。

「あれ、同じように叱られていたのに、東さんの言葉が直ってないのはどうして？」

僕が出会った頃の東さんは、渥美さんとは正反対に、舌足らずなしゃべり方で受けていましたから。その理由を、東さんはこんなふうに教えてくれました。

「俺はな、自分の舌足らずなしゃべりを先輩に矯正されてたときは、ものすごく意識してはっきりしゃべってた。その反動で、先輩がいなくなったとき、思いっきり自分流にしゃべりたくなったんだよ。封印されていた自分のしゃべりが開封されたら、もう止まらない。先輩の教えをしっかり守った渥美さんと、すぐに元に戻った俺は、そこに差があるんだよな」

東さんは先輩の渥美さんを立てる言い方をしていましたけど、僕に言わせれば二人とも立派。しかもすごいのは、東さんはその先輩を恩師だと思っていること。

「結局、叱った先輩のおかげで、自分はどんな芸がしたいか考えられた。だから芸人は、若いうちにたくさん叱られるほうがいい。叱られたら、それが損にならないようにしな」

自分でつくっていった芸風を、厳しい先輩のおかげだって言う東さんは、永遠に僕の大事な師匠です。

閉ざされた扉をこじ開ける人に運は向く

何度か書いてきたように、僕は後輩たちに直接「正解」を教えることはしません。芸は自分で考えながら覚えていくことが大事なので、「僕に聞いちゃだめ」とも言っていました。ドアをぴしゃっと閉ざしちゃったんです。でも、きっとそのドアを入ってくる人間が一人か二人はいるだろうから、その人だけに教えようって思ってた。

ところがね、意外とみんな素直に僕の言うことを聞いて、ドアを開けにこない。だれもこないのかな、と思っていたら意外な人がきました。

「欽ちゃん、笑いを教えてください」

はっきりとこう頼んできたのは、田中美佐子ちゃん。正面から堂々ときたもんで、僕もドアを開けないわけにはいかないよね。だから、「じゃあ、舞台で美佐子ちゃんがやってもいい笑いだけを教えましょう」って言いました。

美佐子ちゃんに伝えたかったのは、ギャグとかテレビの笑いじゃなく、軽演劇の笑い。彼女は僕がやっていた明治座のお芝居に欠かせない女優さん。軽演劇って、まず真面目なお芝居がきちんとできないといけないんです。うまい芝居を見せながら、途中でふっとずらしたところで笑いがくるの。

普通の人だと真面目なお芝居を勉強するところから始めなくちゃいけないけれど、美佐子ちゃんはもう女優としてその修行は終えているので、そこに笑いを乗せていくだけ。だから、そんなにむずかしくない。

ただし、美佐子ちゃんにも僕、「正解」は教えませんでした。

「最後は自分でたどり着かないと、うまくもならないし身につかないよ」

と言いながら、ヒントになる言葉を与えていただけでした。たとえば明治座公演のなかで酔っ払うシーンがあったとき、稽古場で見ていたら美佐子ちゃんは全身で酔ってた。全身を揺らして、目はとろ～っとさせて、回らないろれつで台詞を言ってる。このときはこう言いました。

「そういうみんながやってる酔い方はやめようよ。軽演劇のいい酔い方は膝だけ酔う。それをやってごらん」

美佐子ちゃん、「えっ、膝だけ酔うの～？」って言ってたけど、自分で工夫して、ちゃんと答えを出しました。しっかりした口調で台詞をしゃべりながら、立ったとたん膝がガックガク。それでもあくまで口では勢いよく、「飲んでないわよ！」って言いながら、膝をガックンガックンさせて袖に引っ込んだら大受け。これも、彼女にお芝居の下地があるからできることなんです。

初めてディスコに行った女、という設定のお芝居も見事でした。普通はみんな、初めてだから見よう見まねでちょっとだけ手足を動かす、っていう踊りになっちゃう。でもそれはだれでもできるので、「ここは軽演劇で言うと、トラックの運転手だよ」って美佐子ちゃんに言ったの。

彼女はまた自分で工夫して、自分の目の前にあるでっかいハンドルを動かすような格好で堂々と踊ったんですが、これがまたドッカ～ンって受けた。本人はかっこいいつもりで踊ってるんだけど、周りは「どう見てもトラックの運転手だな」と思えるからおかしい。

コメディって、嘘は演じちゃいけないんです。こんな人めったにいないけど、探せば日本に六人ぐらいはいるかもしれない、って観客に思わせると受ける。こういう芝居、今の若い人でできる人はいなくなりました。美佐子ちゃんは真正面から聞きにきて、自分で努力して一流のコメディエンヌになっちゃった。今では僕にとって、二郎さんのつぎに絡みやすい相手役ですね。

だから、聞いちゃダメって言われても、「そうですか」って引き下がるんじゃなくて、閉じたドアを開けに行ったほうがいいの。美佐子ちゃんみたいに正面突破ができなくても、横から裏からのぞいたり、鍵を持ってる人にフェイントをかけたりしていると、運の神様がきっと味方してくれます。

つらいことに耐えれば、どんな世界でも花が開く

テレビで番組をたくさんつくっていた頃、「弟子にしてください」っていう青年たちがたくさんうちにきました。そんなとき、僕はこう言ってました。

「じゃあ、今度通信簿を見せて」

これで大半の人が二度とこない。運の神様は、ここでふるいにかけるんです。

でも、ただ断りたくてこう言ってたわけじゃない。学校は教科書を覚えればだれでも卒業できるけど、芸には教科書なんてありません。自分で教科書をつくりながら覚えていかなくちゃいけないの。

これって、学校の勉強より何倍も大変でしょ？　だから学校の教科書が覚えられなくて成績が悪かった子は、芸人になるのをあきらめたほうがいい。

なかにはちゃんと通信簿を持ってきて、「僕の弟子になるとつらいよ〜」って僕に言われても「耐えます！」って言う人もいました。この段階で僕が言っていたのはこれ。

「じゃあうちに一週間泊まって、ほんとに耐えられるかどうか試してごらん」

泊まりにきたら、今度は無理難題を吹っかける。最初の洗礼は「寝かせない」。夜、弟子志願の子が寝ようとすると、前からいる弟子が三〇分置きぐらいにトントンと布団を叩いて、起きたところへ「よく寝なよ」っていう。朝まで一五回ぐらい起こされるから、たいていの子は三日目ぐらいであきらめて帰ります。

「僕、気分よく寝られる仕事に就きます」と言い残して帰った子もいました。

これに耐えて一週間いると、つぎはもう一段階上の無理難題を吹っかける。時間的にぜったいに無理、っていうおつかいを頼んだりね。こういうとき、どんな機転をきかせて乗り越えるか、それを僕は見ているわけ。

それでも、試練をパスする人はけっこういましたね。印象に残っているのは、「日本一のマッサージ師になりたいんです」って、僕の家を訪ねてきた青年。コメディアンに弟子入りするのに、「マッサージ師になりたい」って、ここがもうシャレてるでしょ。

「いいねえ〜、君の動機が気に入っちゃったよ。僕の周りには肩が凝ってるやつがたくさんいるし、ちょうどいいや。うちにおいでよ」

寝かせない試練も簡単にパスしたので、つぎは「無理な買いもの」。先に住み込んでいた弟子が、僕をだしにしてこんなことを頼んだんです。

「どうも大将が痔《じ》らしいんだ。よく効く黒い塗り薬が仙台の駅前の店にあるっていう噂なんで、それを大将に塗ってやりたい。おまえ、買ってきてくれないか？」

マッサージ青年は、あっさり「いいですよ」と返事して、すぐ出て行っちゃった。もう夜も遅くて、新幹線も走ってないし、店の名前も薬の名前も不明のまま。あいつ、ここまですごく頑張ったけど、とうとう逃げたんだな。みんなそう思ってたの。この「無理なおつかい」で、そのまま逃走した人がたくさんいましたからね。

ところが次の日、彼は痔の薬を持って戻ってきました。

「すいません、遅くなって。仙台の駅前で買ってきました。この薬、ちょっと黒さが足りないみたいですけど、これで合ってますかね?」

真面目にこう報告してるマッサージ青年に向かって、おつかいを頼んだ先輩は、

「な〜んちゃって。ばっかだな〜おまえ。ほんとに買ってきたの? こういうのをシャレって言うんだよ」

もうね、青年は驚いてひっくり返ってました。ところが、その薬を見て、先輩弟子が不思議そうな顔になったんです。

「おまえ、この薬の袋にちゃんと仙台って書いてあるけど、あれから仙台まで行って、もう帰ってきたのか?」

そう聞くと、マッサージ青年は「いや、それは……」って言葉をにごして、その件は

うやむや。結局この青年、その後も一年か二年、僕の運転手や付き人みたいな仕事をしっかりこなして去っていきました。

それから三〇年だか四〇年だかがすぎた頃、パーティーの招待状が届いたので、差出人を確認したら、マッサージ志願のあの青年。実は彼、僕の弟子をやめてから、SPになっていたんです。SP、つまり重要人物をガードするセキュリティーポリス。僕が招待されたのは彼の引退記念パーティーで、会場にはそうそうたる人たちが彼のために集まっていました。きっと、日本にとって大切な人たちを、いっぱい守っていたんでしょうね。

彼は自伝も出版していて、それを読んで初めて真相がわかりました。実は彼のお父さんも同じ職業で、「SPとして一人前になるには厳しい修行が必要だ。まずは萩本欽一のところに行って、弟子入りしてこい」と言われたんだって。

痔の薬を買いに行った顚末《てんまつ》も、自伝に綿密に書いてありました。「買ってこい」と言われたときにはもう夜が遅く、新幹線は使えない。それで彼、実家に帰って親父さんに相談したらしい。

「たとえどんなに無理な指令であっても、それをこなせなければSPには向かない。おまえ、今から仙台に行って買ってこい」

親父さんはこう言って二〇万円くれたそうです。そのお金でタクシーに乗って仙台まで行ったら、朝になる前に着いたんだけど、店はどこも開店前。朝まで待って、駅前の薬局でそれらしい薬を買ってから急いで僕の家に帰ったら、「それはシャレ」って言われて愕然《がくぜん》とした……というようなことが自伝に書かれてました。

「修行でいちばんつらかったのは、萩本欽一さんの付き人時代だった」とも、その本には書いてあったけど、本当に彼はよく耐えてくれた、と僕も思います。僕の家での無理難題がSPの仕事に役立ったかどうかはわからないけど、自分のいる世界で一流になる人ってやっぱりすごいでしょ。

世界へ羽ばたく人の運のつかみ方

もう一人、弟子ではないけれど、印象深い下宿人がいました。

僕が『手』という自主制作映画をつくったら、それを見た慶應大学の学生が一〇枚の感想文を送ってきた。そのなかに、「この映画は僕が今まで見た中で世界ナンバーワン」と書いてあったんで、うれしくなって当人と会ったんです。

「君はやけに僕を喜ばしたから、今度は僕が君を喜ばしたい。今困ってることはない？」

と聞いたら、

「アパートの門限が九時で、友だちと会ってると門限までに帰れない」

と言うんで、軽い気持ちで僕はこう言いました。

「だったら、僕の家に空いてる三畳間があるから、そこに下宿して大学へ通ってもいいよ」

そうしたら彼、本当に引っ越してきて、うちから大学に通っていました。で、卒業するときこんなことを言ったんです。

「僕、映画監督になりたいのでフランスに留学します。萩本さん、飛行機代の四〇万円を貸してくれませんか？」

度胸いいよね。でも、ここで簡単に貸したら彼のためにならないと思った。

「おまえね、人のうちに下宿してずっとただ飯食っておきながら、フランスに行く飛行機代を貸してくれって、それはわがままずぎ。そんな夢はぜったい実現しないよ」

そう言ったら彼、船と列車を使って自力でフランスへ行きました。しかも、現地のアルバイト先も日本であらかじめ見つけてから行った。フランスにも店を持っている銀座の画廊に行って、「僕はフランスに留学するので、現地の画廊で店番をさせてください」と直談判したんだって。フランス語もできないのに無理、と門前払いを食っても、あきらめずに一週間通いつづけたら、「君はなかなか根性がある。あまりお金は出せないけど、留守番だけしてくれ」って雇ってもらえたんだそう。

フランスへ留学してから一〇年ぐらいした頃かな、彼は一時帰国して僕のところへ相談にきました。

「映画の学校にはまだ通っていて、もうすぐ監督になれるところまできてます。でも、画廊の社長さんが、自分のあとを継がないかって言ってくれたんです。僕一人ではどっちを選んだらいいかわからなくて、萩本さんの意見を聞きにきました」

と言うんで、僕はこう言ったの。

「ばかだな〜、人生っていうのは自分がなにになりたいかじゃない。だれに必要とされているかなんだ。アルバイトで入った画廊の社長さんに、あとを継いでほしいって言われるほど惚《ほ》れられるやつって、おまえのほかにいる？　おまえの監督作品なんてだれにも必要とされてないし、僕も期待してないよ」

この言葉が決定打だったかは知らないけれど、彼は画商になりました。一度、フランスで会ったことがあります。どこで予定を調べたのか、僕がフランスに行ったときにやってきて「萩本さんに恩返しをしていないままなので、せめて通訳をさせてください」って、見事なフランス語で通訳してくれた。うれしかったな。

彼の名前は真田一貫といいます。画商になってから、女性誌で「世界に羽ばたく青年実業家」と紹介されたり、ついこの前はシンガポールに大きな美術品倉庫をつくったとかで、テレビで紹介されていました。監督にはならなかった代わりに、世界的に活躍する美術商になっちゃった。

たった一つの映画感想文から始まった彼の物語もすごいでしょ。僕は恩人でもなんでもなくて、全部彼が自分でつかみとった運なんです。

混じり気のない「誠意」から開けた運

コント55号で日劇に出ていたとき、毎日楽屋口にくる男の子がいました。「弟子はとっていないよ」と言っても毎日くるので、僕も根負けしてつい楽屋に入れちゃった。「君、入っておいで。コメディアンになりたいって言ってたけど、ものすごく大変だよ。一週間僕につき合ってごらん。ほんとに大変だってわかるから、そのあとでもう一度考えてみて」

こうしてそばに置いたら、彼はやることなすことが尋常じゃなかった。

初日、僕が日劇の楽屋に入って靴を脱いだら、その靴をパッと抱えて走っていくの。下駄箱はそこにあるのにどこへ行くんだろうと思っていたら、三〇分ぐらいで帰ってきて、「靴、磨いてきました！」。だから僕、言ったんです。「脱いだ靴は磨くより下駄箱に入れてほしかったんだよね」

そのあと、楽屋にお客さんがきたときその子がお茶を淹れたら、ふたがぱっか〜んと茶碗のなかに入っちゃった。お茶を注ぐときに、片方の手で急須のふたを押さえなかったんです。ふたが茶碗のなかに入っただけでも驚いたけど、まだおまけがあったの。その子がふたを取ろうとして茶碗のなかに手を入れ、「アチッ」と手をどかしたとたん、茶碗に手が当たって倒れたんです。

「おまえ、そういうのダブルの悲劇って言うんだぞ。それギャグじゃないよな？　ギャグだったら笑えない悲惨なギャグだぞ」

それで、こぼれたお茶をふいてもらったら、今度は布巾《ふきん》で茶碗を押しながらふき始めたので、「そういうときは茶碗を持ち上げてふくものじゃないかい？」って言ったら、茶碗を持ち上げようとしてまた倒すわけ。

「おまえ、ギャグでやってんの？」

と聞いたら、小さくなって「違います……」って言う。でも次の日も同じようなことをくり返すので、はっきり言いました。

「君は弟子になってもうまくならないよ。もし靴箱に靴を入れたりお茶くみがうまくなっても、それだけじゃコメディアンにはなれないんだよ。コメディアンになるための修行は、弟子になることじゃなく、舞台にあがることなの。どうしてもコメディアンになりたいのなら、僕に弟子入りなんかしないで浅草に行ったほうがいいよ」

そうしたらつぎの日、この子は本当に浅草の劇場に行ったんだけど、半年ぐらい経って僕のところに戻ってきました。それも、僕のいないあいだにうちにきて、ちゃっかりあがりこんでるの。

「いきなり『大将いますか?』って玄関にきて、僕が返事をする前にもうなかに入ってました。どうしましょう?」

当時うちにいた弟子にこう聞かれたので、

「出て行けって言うのも残酷だから、自分で気がついて帰るのを待とう」

と答えたんだけど、何日経っても一向に帰らない。僕の家でも相変わらずやることなすことおかしいので、毎日みんなで笑ってたら居ついちゃった。嫌われないんですね。

でも、四ヵ月後ぐらいかな、急にいなくなっちゃったんです。

なんでも、弟子の一人に「おまえと飯を食ってると、うまくないんだよ」と言われて、出て行ったらしい。その子は箸《はし》がうまく持てないので、うずらの卵とか丸いものが出ると、箸で刺そうとして、ひゅんっと飛ばしちゃう。それを拾おうとして醤油差しをひっくり返す。醤油をふこうとして、テーブルのものをつぎつぎ倒す。毎日これだから、とうとうすごく怒られて、自分が迷惑をかけているってわかったんですね。

実はこの子が、斎藤清六《せいろく》ちゃんです。それから何年も会っていなかったんですが、『手』という僕の映画を見てくれたテレビ局の人が、僕にこう言ったの。

「前に大将の家にいた清六ちゃん、頑張って宣伝してたねえ」

えっ？　僕にはなんのことかさっぱりわからない。

「大将が頼んだんじゃないの？　映画館の前で『手』のポスターを首から下げて、お客さんを呼び込んでたよ。僕、仕事でよくあそこを通ってたけど、一ヵ月間ずっとやってたんじゃないかな」

びっくりして、周りの人たちに「清六を探して連れてきて」って頼みました。一週間ぐらいしてやっと会えたので、

「清六、映画館の前に毎日いたって聞いたけど、なにをやってたの？」

そう聞いたら、

「いや、あの〜、大将に恩返しできてないままだったので、映画の宣伝をしようと思っ

て。劇場からポスターを二枚もらってきて、ベニヤ板に貼ってサンドイッチマンをやってました」

すごいでしょ。もう僕、泣きそうになっちゃった。恩義を感じてここまでしてくれる人って、なかなかいないよね。しかも、僕は清六になにかをしてあげたわけでもなんでもない。だから、決めたんです。この子をぜったい有名にするぞって。

さっそく、その頃やっていた『スター誕生！』（日本テレビ系）の前説に使ったんですけど、やっぱりうまくできない。間が悪いんですよ、清六ちゃん。前説が「さあみなさん、拍手〜っ」て言ったとたん、バンマス（バンドマスター）がキューを出してオープニングの音楽が始まるんだけど、それがうまくいかない。一年間やってもまだうまくできなくて、とうとうバンマスから「もう耐えられない」って言われたので、やめさせました。

でも、僕にも「ぜったい有名にする」という意地がありますからね、つぎは『欽ちゃんのどこまでやるの！』で前説をやらせました。今度は二年つづいたところで、ディレクターが前説をテレビに流してくれるようになった。清六のしゃべりが面白くなったわけじゃないの。公開録画の会場にきてくれるおばちゃんたちから、「清六ちゃん、清六ちゃん」て呼ばれてかわいがられるようになったので、ディレクターも「この子は悪い子じゃないな」って前説を映してくれるようになったんだと思います。

でも僕としては、もっと有名にしてあげたかったので、番組のなかで「村のアナウンサー」役で起用したら、少しずつ有名になってきたんです。これは、清六がだれにも頼まれていないのにサンドイッチマンをやって、僕を応援してくれたことへの恩返し。

性格のよさや誠実さって、周りの人間に「放っておけないな」と思わせて、運を呼び寄せるんです。

清六の場合は、失敗をくり返す「だめな子」っていうところも僕の心を動かしたんでしょうね。生CMで一九回のNGを出した経験がある僕には、清六が自分とだぶって見えた瞬間があったんです。

考えてみたら清六の運て、強烈だよね。だって、映画の宣伝をしていたとき、たまたま清六のことを知っている人が見つけなかったら、僕が呼び戻すことも、テレビで人気者になることもなかった。

だけど心根《こころね》がやさしい子だから、別の道を進んだ場合は、別の人が彼に違う運を運んであげていたような気がしますね。

6章　運の方程式

自分が嫌い、あの人が嫌い、環境が嫌い、みんないや！
そんな人に教えたい。今よりちょっと運をよくする方法があるの。

失敗はとことん引きずるほうがいい

「失敗は早く忘れて、また出直せばいい」

よくみんな、こんなふうに言いますよね。だけど、僕に言わせればこう。

「失敗はとことん引きずれ！」

どうしてかと言うと、なぜ自分は失敗したのか、どこをどうすればよかったのか、とことん引きずって考えないと、つぎに同じ場面に遭遇したときにまた同じ失敗をくり返す。ぜったいそう。だから失敗は引きずらないとだめなの。

以前サッカーの試合をテレビで見ていたとき、終わったあとに解説の人が「もう負けたものは仕方ない。気持ちを切り替えて次の試合に……」って言っているのを聞いて、えっ、そんなやり方じゃまた負けちゃう、と思いました。なぜ負けたのか、しっかり分析してつぎの試合の対策を立てないとだめじゃない？

仕事だってスポーツだって、「失敗」が「成功のもと」になるためには、反省や分析や勉強や努力が必要。負けたことをすぐ忘れているようじゃ、「成功」というところに到達できないと思う。

僕はもう、年がら年中、失敗を引きずってますね。だって僕がやっている仕事って、一〇〇点が出せない。「完璧！」って、あり得ないんです。

舞台の仕事で、最高にうまくいったなというときで、九〇点ぐらい。テレビだと、よっぽどうまくいっても七五点ぐらい。たとえ視聴率がよくても、あそこはああすればよかった、ここだってもっとよくできたのにって、帰りの車のなかで一人反省会をしています。

出来が七〇点以下だと、帰りがつらい。車のなかで「ばっかだな～、ちきしょ～、あ

あいうときにあんなこと言っちゃだめなんだよ！」って、ず～っと自分につっこんでる。こういうときはものすご～く引きずって、家に帰ったあとも寝るまで失敗の原因を考えたり、「つぎの対策」を考えてます。

舞台の場合は、初日、二日目は失敗にあまり気がつかない。疲れてるし、夢中でやっているからね。でも、どんな舞台でも三日目が終わると失敗した箇所に気づく。な～んで今まで気がつかなかったんだろう、これをどう直そうかって何日も考えて、新しいこ

とを試す。そうするとたいてい、そこでのお客さんの笑いがダッ〜と大きくなるんです。ところが、それからまた三日ぐらい経つと、違うところでも失敗していることに気づくんですよ。明らかな失敗じゃなくて、そのままでも笑いはくる。だけどなにかもっと、爆笑を呼ぶ方法があるはず、ってね。

そんなとき焦って違うことをやろうとすると、失敗が大きくなるの。「なにか別の方法がある」って、楽屋でも家でも毎日ず〜っと考えていると、あるとき「あっ、きた〜っ！」って正解が出てくるんです。本番中に体がぴゅ〜んと動いたり、前の日と違う台詞がぴょろっと出たりする。

舞台が面白いのは、正解が出る前に、「あれ、なんかこれと同じことを前にもやったことある」とか、「見たことがある」、「経験がある」って思うところ。この感覚が出てくると、つぎの日ぐらいに「なにか」がピュッと出る。

失敗をするたびに引きずって、あらゆる方向から考えるくせをつけると、こんなふうに正解にたどりつけるようになるんです。

人間、「向上心」だけではそれほど成長しない。失敗をとことん引きずることで、成長できます。

運の神様は金持ちにも貧乏人にも平等

お金で得られる「幸せ」って、たくさん持っている人も、少ししか持っていない人も同じじゃないかなって思います。

たとえば一万円を持っている人は一万円で買えるものを買って満足するだろうし、一〇〇万円持っている人は一〇〇万円で買えるものを買って満足する。

これを見ていた人は、どっちにも「よかったね」って言いますよね。一〇〇万円の買いものをした人に「よかったね」を何回も言うわけじゃない。価値は同じなんです。

ところが、自分と人とを比較したり、人をうらやんだりすると、自分では買えないものがほしくなってくる。一万円を持っている人は、一〇〇万円のものがほしくなるし、一〇〇万円持っている人は一〇〇〇万円のものがほしくなる。

もちろん生活するお金に困っていたらつらいけれど、普通に生活できるお金があればそれは幸運。じゃあ、一〇〇億円持ってる人が普通の人の何百倍も幸運かというと、僕はそう思わない。

もし一〇〇億円持ってる人がいたら、すべての運がお金になっていると思うから、家族が病気になるとか離婚するとか、大きな不幸がきます。それより月給三〇万円のぎりぎり生活でも、体が元気なほうがいいでしょ。運の神様はお金を持ちすぎた人にはほかの面で不幸を運ぶし、持ってない人にはやさしい。そうやって運のバランスをとっています。

でもね、実はお金って、生活に必要な分より少しだけ余分に持っていたほうがいい。なぜかというと、近くに困っている人がいるときにすぐ援助できるから。遠くの困っている人にだって、寄付することができる。

日本人は貯蓄にすごくお金を回しているらしいけど、僕からすると貯金ばっかりするのは考えものだなって思う。僕が政治家だったら、こう言うな。

「貯金をしても利子はつかないから、貯金する金があるならば若くて金に困ってるやつに、ラーメンでも冷麦でもごちそうしてやってくれ」

そういう「ちょっといいこと」をやっている人を探す捜査官を町に出そうかな。捜査官に「おまえいいやつだな」と認められたら、税金が少し安くなる。そんな制度ができれば、「おーい、困ってるやつ、かつ丼おごるぞー！」って、町中でみんな叫ぶんじゃないかな。

お金がちょっと余ったら、そのお金をほかの人に分けてあげて、いい言葉を口にできるようなことをしたほうがいいの。運の神様は、こういう行動に運をくれます。

運の神様はいやなことに取り組む人にやさしい

ちょっとだけ自分の仕事のことを振り返ってみると、わりあいうまくいったことも多かったんじゃないかな。それはなぜだろうって考えたら、一つ答えが見つかりました。それは、あんまり好きじゃなかったから。

僕、子どもの頃から映画で見ていたチャップリンさんは大好きだったけど、コメディ自体が好きでこの世界に入ったわけじゃないんですよね。華やかな世界というのも、どちらかというと苦手だった。

じゃあなぜこの世界にやってきたかというと、ただただ貧乏から抜けだしたかっただけ。借金取りに頭を下げている母親がかわいそうで、家を建ててあげたかっただけ。「笑い」に心の底から惚れていたわけじゃない。でも、かえってそれがよかったんだと思います。

浅草の劇場でのお芝居も、テレビの仕事もラジオの仕事も、最初は「不得意だな～」という地点から始まったの。でもね、真剣にやっていると、「ぜ～んぜんいやじゃないな」になってくる。少しずつ、苦手なことができるようになってくるんですよね。

逆に言うと、人って、いやなことをやっていないと進歩がない。運の神様は、もがき苦しみながら不得意なものに取り組んでいる人にやさしいみたい。僕の場合も、苦手なことのなかに、運は落ちていました。

だけど、苦手、不得意を克服して、「楽しい」になってくると、落とし穴に落ちるんです。

たとえば「海外ロケ」なんていうとみんなたいてい楽しそうにしているけど、僕は時間が空いても観光はいっさいせず、意識して「楽しまない」ようにしていました。お金をいただいて仕事で行っているのに、楽しんじゃったら罰《ばち》が当たるって思ってたの。

なんの仕事でも同じじゃないかな。難関を突破して憧れの会社に入っても、始めは会議のための資料コピーとか、お茶の用意を命じられたりしません？　でも、そこで「こんな雑用をするためにこの会社に入ったんじゃない」なんて思うと、運の到達は遅れます。

無駄なことをするのをいやがらないかどうか。これでその人の将来がわかっちゃう。「いやだな」と思う人は、たとえその会社で偉くなっても、「なんでもっと上の地位じゃないんだ」と思うんじゃないかな。

「いやじゃないな」と思う人は、どんなことでもいやがらず積極的に取り組むので、どんどん仕事ができるようになる。

そのときの損、得じゃなくて、自分の目の前にやってきたことを精いっぱいこなしていく人に、運は近づいてくるんです。

人に迷惑をかけない方法を選ぶ

「趣味はなんですか？」

ときどきこう聞かれますけど、僕の趣味ってなんだろう？　最初はいやだった仕事が今はいちばん面白いから、仕事が趣味なのかな。

以前けっこうやっていたゴルフは、僕にとってほとんど仕事でした。僕が司会をやっていた番組で、ディレクター（NTVの故・池田文男さん）から、「出演者の絆を固めるために」と言われて始めたんだけど、最初は抵抗したんです。

「僕、ゴルフなんてやったことないし、クラブも持ってないし、行かない」

当時のマネージャー、浅井良二さん（現・浅井企画代表取締役）にこう言ったら、

「だめ。仕事だから行かなきゃ」

と、浅井さんが安売りのクラブを買ってくれました。ほら、ゴルフはマネージャーから言われた仕事でしょ。その頃はお金がなかったので、ゴルフに行かないとき、そのクラブはいつも質屋に入れていましたけどね。

あの頃、なにがつらかったって、仕事で行くゴルフですよ。朝五時に起きて六時に家を出て、八時頃から始めると、途中で雨が降ってきたりする。僕は帰りたくても、周りの人が「やろうよ」と言えば、僕だけ帰るわけにいかない。

しかも、一緒にプレーしている仕事仲間を楽しませないといけない。いや、僕はいきなりゴルフを始めたから、楽しませることより「迷惑をかけない」ことが先ですよね。それにはボールをまっすぐ飛ばすこと。左右に曲がると山だの谷だのに転がって、ボールを探すのにも時間をとられるし、まっすぐ飛ばした人より長い距離を歩かなくちゃならない。それで、とにかくまっすぐ飛ばす練習をしたの。

それと、ボールは可能な限り素早く打つ。ティーショットなんか、もう究極の早ワザ。ボールを置いたら瞬間、パカ～ンって打っちゃう。普通の人はたいてい、素振りをしてから打つんですけどね。

スタートホールのティーグラウンドに、ときどき写真屋さんがいるんです。ボールを打つ人のスイングを全部連続写真で撮って、あとでその人に写真を見せながら、「この写真、買いませんか？」っていう商売。あれって僕、一度も撮られたことがありません。だって僕は球を置いた瞬間に打つから、写真屋さんは「えっ、もう打っちゃったんですか⁉」って、驚いてました。

ちなみに、一緒に回る人がゆったりプレーをしたい人だったら、そのあとはその人にスピードを合わせて回ります。ほかのメンバーを気にせず、僕だけパッパカ打ってサッサカ歩いていたら失礼ですからね。

ほかにゴルフで大事なのは、グリーンにボールが乗ったときのマーク。二ミリでも一ミリでも、カップに近いところにマークしたりすると、そこで運をずいぶん使っちゃいます。

僕はなるべくカップから遠いところにマークしていました。一センチだと運の神様が気づかないかもしれないから、ボールの二センチぐらいうしろにマークするの。一緒に回っている人にも、「ずるいやつ」って思われたくないからね。

あるとき武田鉄矢さんとゴルフをしたあと、「欽ちゃんてどういう人ですか？」って取材の人に聞かれた武田さんは、「え〜と、ボールのマークを二センチうしろに置く人」って答えたそうです。

僕にとっては仕事ですからね、人に迷惑をかけなければそれでオッケー。四〇代で一度テレビの仕事から去ったとき、「ああ、これでもう仕事のゴルフに行かなくていいんだ」と思ったら、ちょっとホッとしました。

もう一つ、「迷惑をかけない」ということで言うと、仕事で人と一緒のとき、僕はできるだけトイレに立たないようにしてます。僕と一緒の人がトイレに行ってもなんとも思わないですけど、僕は行きたくない。僕のなかでは、やっぱりこれも相手に失礼な気がしちゃうの。だから、地方ロケでバス移動なんていうときは、朝からいっさい食べない、飲まないようにしていました。途中で僕のためにトイレ休憩なんていうことになったら悪いですからね。

その仕事、その場所で、相手に失礼にならない行動っていろいろあるでしょ。みんなよく「一緒にいる人を楽しませたい」っていうけど、その前に「迷惑をかけない」ことを考えたほうがいい。それができたら、つぎに「楽しませる」を考えればいいんじゃないかな。

別れる相手を笑顔で見送れば新しい出会いがやってくる

明治座で千秋楽の舞台を終えると、いつも出演者全員で食事に行っていました。いわゆる「打ち上げ」ですね。一ヵ月間一緒にお芝居をしていた役者さんたちから、この席でたくさんうれしい言葉をもらいました。

たとえば女優の岩崎ひろみさんに出演してもらったとき、演技について僕はなにも言わなかったの。でも打ち上げのときに岩崎さんが、こう言ってくれた。

「二人でお芝居してるとき、萩本さんはお客さんがまったく笑いそうもない小さなところを笑いにしちゃいましたね。あれ、すっごく感動しました」

その箇所ってね、さっきの話で言うと「このままじゃ失敗だな」って思ったところでした。小さな笑いはくるけれど、ここではドカンと笑ってもらえないと失敗。じゃあ、どう工夫すればいいか、毎日毎日考えつづけて、やっと大きな笑いを呼ぶ正解を思いついたんです。

自分としては、すごく気に入っていた場面。でも、だれもそんなこと気づいてくれないだろうと思っていたら、岩崎さんが指摘してくれた。この人よく見ているな、もっともっと伸びる人だな、と思いました。

こんなことがあるから、打ち上げは楽しいんです。だけど明治座の引退公演では、打ち上げを封印したの。千秋楽の幕が閉じても、出演者とは食事に行かなかった。

なんか、みんなにうれしい言葉をもらったり、目の前で泣かれたりしたら、別れがつらくなりそうだったから。

でも、出演者たちの代わりに、演出部の人たちとは最後の日に食事に行きました。これまでお世話になってきた大事な人たちだから、お礼を言いたかったんです。演出部の人たちも「もう終わりだと思うと寂しい」って言ってくれてホロッとしたけど、彼らのおかげで気持ちよく明治座の舞台を締めくくることができました。

幕引きはサラッとしたいよね。去り際にぐずぐずしたり、去っていく人を追いかけるのってかっこ悪い。

その意味では、最近話題になっているストーカー、あれは最悪の例ですね。

離れて遠くへ行った人に、また近づこうとしても無理。自分だけが不幸だと思い込んだり、相手を恨んだりすると、痛ましい事故を招いてしまいます。

試練のときをどう乗り越えるか、それを神様は見ている。だから、つらい別れを体験した人に、運の神様は新しい出会いを必ず用意してくれます。

大事な人が遠くに行ったら、悲しいけど笑顔で見送ろうよ。「もう会えないけれど幸せになってね」と心で願っていれば、もっと素敵な出会いがきっとやってきますよ。

才能ではなく努力の足跡を運の神様は見ている

芸能界に入ってから、「この人は生まれながらに才能を持っていたんだな」と思わせる人を何人か見かけました。仕事を始めたとき、一〇〇人の同期がいたら、スタート時点でもう九九人を抜いちゃってるような人。あとの九九人は、みんな「才能がある」っていうところへたどりつくのさえ大変なのに、最初からぶっちぎってる人がまれにいるんです。こういう人は、最初から五年ぐらいの差がありますね。

こういう天才って、真剣に仕事をつづけたらどこまで伸びていくんだろう、とだれでも思うでしょ。だけど、初めから才能を持っている人って、ほぼ間違いなく伸び悩むんです。

人に教わらなくてもできるんだったら、努力しませんよね。才能のある人は早くから周囲に認められて育つから、「自分はできる」と自覚しちゃう。ここで成長は止まっちゃうんです。

普通の人は、「自分はできない」と思うから努力をつづける。そのうち努力をする習慣がつくので、自分がかなりいい位置まで到達しても、努力をやめようと思わない。

そうするとね、五年後ぐらいから逆転現象が起き始めるんです。スタート時にほかをぶっちぎってたトップの人は、三〇人ぐらいに抜かれていく。あと二年も経つと、また二〇人に抜かれて、天才的なトップだったのが真ん中ぐらいになっちゃう。スタートから一〇年経った頃には、最初のトップはいちばんうしろにいるかもしれないね。

ただし、どんな世界でも本物の「一流」は違います。並外れた実力や実績を持っている人の言葉を聞いたり行動を見ていると、「自分はすごい」とまるで思っていないように見える。「自分がすごいことをした」とは気づいていないのかもしれないですね。

僕たちから見れば何度も頂点に立っているように見える人って、過去の自分の実績より今挑んでいることに夢中で、「まだやりたいことがある」って言っています。どこにたどりついても「終着点」とは思わず、いつも遠くを目指しているの。ノーベル賞をとった人なんかに、こういう人がいるんじゃないかな。

ソフトバンクの孫正義さんや楽天の三木谷浩史さんを見ていても、「まだやりたいことの二〇%しかやっていない」っていう顔に見えます。すごいことをやった人なのに、ぜんぜん偉そうにしていないし、僕からすると最高にかっこいい。

世界的な偉業を成し遂げるような人は、体中に才能と知識が詰まっています。それでも「今自分が知っていることはだれかがすでに考えたことだ」と思うから、さらに世界中のだれもが驚く新しいことを生みだせるんですね。

とはいっても、こんな人は全人口のなかのほんのわずかな人。普通の僕たちがどんなに頑張っても、彼らを抜くことは不可能です。だから、みんな自分が今いるところから少しだけ上を目指して努力していればいいんじゃないかな。

僕もコメディアンの修行を始めたとき、「おまえは才能ないね」って先輩から言われてスタートしたので、先輩の芸を吸収したり、自分で工夫してひたすら走ってました。テレビの世界に行ったときも、なんにも知らなくてアタマのなかはスカスカだったから、才能があったり賢かったりする人には発想できないようなアイデアを思いつけたような気がします。

うんと低いところからスタートしたほうが、伸び率はぜったい高い。だから、「自分はなんにもできない、まったくだめな人間だ」と思っている人はラッキーですよ。今が底辺なんだから、ここからとんでもないところまで行けるっていう楽しみが味わえるでしょ。

人生って、いちばん下から上を目指して進んでいくことが、結局いちばん楽しいんだと思う。運の神様は、才能や頭脳のありなしじゃなく、努力の足跡を見てくれています。

終章

運のおさらい帳

運を招くためにぜったい大事なことって、案外少ないんです。
たった五つ。これだけ覚えていれば、運はきっとやってきます。

運の神様に好かれる五大ポイント

　これまで三冊にわたって「運」のことを書いてきました。僕の体験談や、考え方だけじゃなく、出会った人たちのこともたくさん書いちゃった。これ以上書くと運の神様に「いい加減にしろ！」と言われそうなので、一度筆をおきます。

　最後に今までのおさらいをしておきますよ。運を呼び寄せるために大事なことって、実は案外少ないんです。

　普通の生活のなかで、これだけ押さえておけば運が近づいてくる、ということを簡単にまとめてみますね。

①運は自分で貯金する

「運」は目に見えないので、実態がわかりませんよね。だけどだれもが、運の預金通帳を持っています。運もお金と一緒で、その人の生活に応じて増えたり減ったりしているんです。

といっても、運はお金と一体になっているわけじゃありません。思わぬ大金が入ったとき、自分の欲だけでそれを浪費すると、運はサ～ッと引いていきます。

運が近寄ってくるのは、お金や仕事や人間関係でつまずいたときなの。つらいな、と思ってもくじけず耐えていると、運の預金は自然とたまっていくんです。

失敗したときもそう。失敗の原因を考えて、「つぎはこうやろう」と準備していれば、そこでも運はたまります。

僕なんか失敗の連続だったから、それでだいぶ運がたまった気がします。コメディアンの修行を始めたときから一人でテレビに出始めた頃までは失敗の連続だったので、運の通帳が定期預金通帳に代わっていたんじゃないかな。

そのあと二郎さんと組んだコント55号は、その定期預金で人気者にさせてもらったのかもしれない。

だから、お金に困ったり仕事のトラブルがつづいているときは、「運の定期預金がたまってる」と、前向きに考えていればいいんですよ。

②向いていない場所に運がある

「好きこそものの上手なれ」

よく、こう言いますよね。自分が好きなことは真剣にできるから、どんどんうまくなる。たしかにこれも真実だとは思うけれど、好きなことのなかに大きな「運」は落ちていません。

好きなことをやっている、というだけで自己満足しちゃうから、高いところに到達しにくい。ましてや「得意」になってやっていると、運の神様は「ちょっといい気になってないかい？」と、落とし穴をしかけます。

僕がこれまで見てきたところ、運は苦手なこと、向いていないことのなかに落ちているんです。僕自身の話は前に書いたからくり返しませんが、ほかにもたくさん例があります。

たとえば、以前僕の番組を担当してくれたディレクターが営業部へ異動になったとき、本人はぜんぜん納得できず怒ってました。

「大好きなバラエティー番組をつくりたくてテレビ局に入ったのに、なんで俺が営業部に行かなくちゃならないんだ！」

でもね、すぐに頭を切り替えて与えられた仕事を一生懸命やっていたら、彼の営業成績はぐんぐん上がっちゃった。結局その人、営業部で出世しました。実は営業がとっても向いていたんですね。

自分の好きなことが、必ずしもいちばん向いていることじゃない。それに、自分が本当はなにに向いているか、どんなことに才能があるか、意外と自分ではわからないものなんです。周りにいる人が自分の才能を発見してくれることのほうが多い。

だから、今自分が立っているところから逃げず、目の前にあることを一生懸命やってみることが大事なんです。

③運は言葉と行動に左右される

「運」はいつでもあなたの周りに漂っています。いい運もあれば、よくない運もごっちゃになって、自分の周りをとり巻いているんです。

そのなかからいい運を引き寄せるには、いい言葉やいい行動が必要。とくに言葉は大事だなって思います。

僕がそれに気がついたのは、四〇歳をすぎていったんテレビの仕事をやめたとき。それまでたくさんの番組を抱えて、寝る暇もないぐらい走りつづけてきたけれど、立ち止まって、ふとこう思ったんです。

あれ、もう年齢的にはとっくに大人なのに、僕には大人になるための言葉がぜんぜん足りないや、って。それで僕、予備校に入りました。受験生と一緒に教室で学んだの。楽しかったですよ〜、四〇歳をすぎてからのお勉強。子どもの頃に聞いたらぜったいわからなかった先生の話もわかるし、いい言葉を覚えると人間関係も豊かになるってわかった。

言葉にはすべて運がついているんです。いい言葉にはいい運、悪い言葉には悪い運。いい言葉を使うとその運で周りにいい人を引き寄せるので、その人がまたいい運をくれる。単純明解でしょ？

でもね、その逆もあるから気をつけなくちゃいけない。自分がうっかり使った悪い言葉で、そばにいる人に悪い運を運んじゃうことがあります。

だからまず、自分の身近な人に「迷惑をかけない」言葉を選ぶことが大切。やさしい言葉を選んで人とつき合えば、自然と態度や行動もやさしくなっていくんです。

④運と不運はトータル五〇％ずつ

自分の「運」について考えるのって、たいてい「不運」なときじゃない？　ツイてるときや、なにかに夢中になっているときって、自分が運のいい人間か悪い人間かなんて、あんまり考えませんよね。

でも、一度立ち止まって、自分の人生を振り返ってみるといいですよ。これまで生きてきた三〇年、あるいは五〇年、幸運な時期と不運な時期はどのくらいの割合だったたか。

「これまでの人生、最悪。運のいい時期なんて、一〇％ぐらいしかなかった」

そう気づいたあなたは喜んでください。人生の最期の日にトータルすると、運と不運は半分半分になります。つまり、「運」から見ると人生はチャラ。これまで不運がつづいていたあなたは、当たりの宝くじを持っているのと同じ。残りの人生に幸運がきっとたくさん訪れます。

反対に、「これまで運のいいことばかり」だったあなたは、気をつけたほうがいいですよ。いつかその波が引くときが必ずきますから、その前に自分で気づくことが大事。運の神様は、その「兆《きざ》し」をちゃんと送ってくれます。

僕がテレビの仕事をいったんやめたのも、そんな兆しに気づいたからなんです。初期の頃からお世話になったディレクターが番組を離れていったり、僕のマネージャーが独立すると言ってきたり。あっ、ちょうど今、大きな波が引いていくときなんだなって思いました。

数えてみたら、テレビで成功してから一六年が経っていた。僕がものすごく貧乏していたのも一六年間だったので、「あっ、もうこれ以上大きな運はつづかないぞ」、そう思ってテレビをやめたんです。もしここで気づかなかったら、大きな不運がきていたんじゃないかな。

今も僕は、運のバランスを自分で測りながら生活しています。この習慣をつけると、いいときは気を引きしめなくちゃと思うし、悪いときも未来に希望が持てるようになるんです。

⑤つらい境遇は「運のせい」にする

なにをやってもうまくいかない。つらい立場、厳しい状況からなかなか抜けだせない。だれにだってそんな時期は必ずあります。

向いていないことに運がある、幸運不運は五〇%ずつだからいつか状況は好転する。この本でそう学んだところで、「今、このとき」がものすごくつらいと、頭は急にプラス思考になりませんよね。

だから最後は、今がつらい人へのメッセージ。

つらい境遇は「運」のせい。自分のところにくるはずの運が、間違ってほかの人に回っちゃったんだ、と思えばいいの。そのうち運の神様が気づいて自分に返してくれる、きっと利子もつけてくれる。そんな想像をして、深刻に考えすぎないようにしたほうがいい。

僕も気が滅入りそうになったときは、そうやって自分を楽にさせていました。

不平や恨み事を言わずじっと耐えている人や、自分が置かれた場所で懸命に努力している人には、いつかぜったいいい運がやってきます。

運の神様は普通の人の姿をして、あなたの近くで密《ひそ》かにエールを送ってくれています。

おわりに
——あきらめきれない「夢」がある

さて、僕はこの先どこでどんな運に出会うのかな——。

そう考えたときに、ふと思いました。あれ、僕もう七三歳になっちゃったなって。普通の七三歳は、どんな生活をしているんだろう?

僕が仕事に選んだ「笑い」の世界では、まず「普通」がはっきりわからないと、面白いことにたどりつかないんです。コメディアンで成功したからといって贅沢な生活なんかしちゃうと、普通の感覚がわからなくなる。こうなったらもう笑ってもらえないし、運もついてこない。

僕はたいして贅沢な生活はしていませんが、普通の七三歳に出会う機会が少ないので、あらためて想像してみました。

まず、絶対的に体は弱ってきているよね。脚も腰も内臓も。男の人だともう会社もやめて、つき合いも少なくなってくる。のんびりした生活になると家から出る機会が減って、頭も弱っちゃう。行動していないと、頭って鈍りますからね。

あっ、これって「普通」の人じゃなく、僕のこと？　僕はまだ仕事をしているけれど、なにかに向かって走りつづけないと、どんどん弱ってくる時期ではありますね。

それを自覚して、また走るための準備を始めました。だって僕にはまだ、あきらめきれない夢がある。笑いで覚えたことを活かして、新しい夢を叶えたい。

自分で運をつかんで夢を実現するためには、「普通」を知って、それを超えていかないとだめなんです。体力だけじゃなく知識ももっと必要。この年でいちばんつらいのは勉強だから、それから始めました。

えっ、あきらめきれない夢？　それは……まだ運の神様にしか教えていません。

萩本欽一

二〇一五年　正月

プロデュース　栗田晃一
構　　成　浅野恵子
編　　集　飯田健之
編集協力　大西華子
　　　　　松山　久
カバー写真　今津勝幸
DTP製作　三協美術

協　　力　株式会社 佐藤企画

続 ダメなときほど運はたまる
2015年2月11日　第1版第1刷
2018年2月25日　第1版第3刷

著　者　萩本欽一
発行者　後藤高志
発行所　株式会社　廣済堂出版
〒101－0052　東京都千代田区神田小川町
2－3－13　M&Cビル7F
電話 03-6703-0964（編集）03-6703-0962（販売）
Fax 03-6703-0963（販売）
振替 00180-0-164137
http://www.kosaido-pub.co.jp

印刷所
製本所　株式会社廣済堂

装　幀　株式会社オリーブグリーン
ロゴデザイン　前川ともみ＋清原一隆（KIYO DESIGN）

ISBN978-4-331-51909-7 C0295